計数感覚スキル入門

投資家目線の
会社数字に強くなる

玉木昭宏 [著]

中央経済社

は じ め に

　コーポレートガバナンスの進化によって，日本企業の「計数感覚」が問われている。

　2015年に発行され，その後も改訂が進む日本版コーポレートガバナンス・コード。これは上場企業がステークホルダーとの関係を踏まえ，適切なガバナンスおよび持続的成長を実現するためのガイドラインです。ステークホルダーの中でもとりわけ株主との関係については，2014年に発行された日本版スチュワードシップ・コードとの両輪で，企業と株主双方からより積極的な働きかけや取組みが求められています。

　スチュワードシップ・コードが機関投資家に向けて，投資先企業との建設的な対話を要請する一方，コーポレートガバナンス・コードが企業に向けて，株主の立場や期待を十分に理解したうえで，成長への取組みを求めています。株主の立場や期待を理解するということ，それは，彼らが上場企業をどういう観点から評価しているかを理解することに他なりません。

　本書は，株主など投資家の目線から会社数字と企業活動との関係を読み解くスキル「計数感覚」を磨けるよう，これからの上場企業人材に必要な会計＆財務の知識をぎゅっと1冊に詰め込みました。

　会社数字と企業活動を関連付けて読み解くのに必要な知識や視点を前半のアカウンティング・パートにまとめています。ここでは前著の『夜11時からのビジネス会計トレーニング』（2014年）からも一部引用していますが，全体をより実践的な内容へと引き上げる目的で，加筆・修正を入れています。後半のファイナンス・パートでは，投資家が企業をどのように見ているか，その評価

方法や意味合いになどについて解説しています。

　本書を読み終えたときに，自社の決算数字や株価情報などが見たくなる，そのような気持ちになっていただけるよう，できるだけ詳しく，そしてわかりやすく書きました。

　2022年9月

玉木　昭宏

目　次

── 第 1 部　アカウンティングを学ぶ ──

第 1 章

ビジネスにおける収益性の分析と評価 ……………………… 3

第 2 章

ビジネス以外の収益・費用の分析と評価 ……………… 27

第2部　ファイナンスを学ぶ

第6章

株主価値，企業価値，フリー・キャッシュフロー ……… 105

第7章

投資案件を評価するアプローチ ……………………………… 131

第 *1* 部

アカウンティングを学ぶ

第1章

ビジネスにおける収益性の分析と評価

　企業活動の原点は「稼ぐ」こと，そして「利益」を生み出すことです。そして会計の世界では，これらを「収益性」という観点から評価します。「収益性」を評価するには，売上高や各種利益の意味合いを理解することが必要です。日本の会計基準で作成された損益計算書には，売上総利益，営業利益，経常利益，税金等調整前当期純利益，当期純利益という5つの利益があります。どれも「儲け」を表すものですが，それぞれがどういう意味合いの儲けなのかを知ることで損益計算書を読み解くことができるようになります。そこで，この章では損益計算書（P/L）を上から順に整理しながら見ていきたいと思います。

1 売上高の意味合い

　会社が本業（ビジネス）で稼いだ金額を計上する場所が「売上高」です。稼ぎの内容によって売上高や営業収益，経常収益など表現が異なりますが，どれも稼ぎ高という意味合いに変わりはありません。一般的には製品や商品など「有形」のものを売って得た金額を「売上高」に，また労務，技術やノウハウなど「無形」のものを売って得た金額を「営業収益」や「経常収益（※特に金融機関の場合）」に計上します。この本をお読みのあなたの会社が「製造業」や「物販業」であったなら，損益計算書の一番上に「売上高」という科目が見つかるはずです。本書では「売上高」の表現に統一していますので，サービス

業や金融業などに携わる方は「営業収益」や「経常収益」に読み替えていただ
けたらと思います。また，業種により損益計算書，バランスシートの構造や科
目名が異なることもありますが，本書ではもっともオーソドックスと考えられ
るケースを想定して解説しています。

　冒頭に書いたとおり売上高はビジネスにおける稼ぎですから，競合企業より
多いほうが嬉しいし，前年より増えることを願うはずです。売上高とは商品や
サービスを提供して得た金額，というのが一般的な解釈ですが，行き当たり
ばったりではなく戦略的に売上を伸ばすために，企業が意識すべきことは何で
しょうか？

　それは，自社の商品やサービスの「価値」を高め，顧客に提供することです。
どこでどれだけ稼ぎたいかの目標を立てても，あまたいるライバル企業に競り
勝っていかなければ達成はできません。どのような「価値」を顧客に提供する
か，これを考える戦略分野が「マーケティング」です。新しい切り口の商品を
出す，他社にはないサービスを提供するなど顧客が価値を感じることを企業は
次々と考え，提供しています。そして，企業が提供した価値を顧客がどれだけ
のお金を出して買ってくれたのか，その成果が売上高となります。もし競合企
業より売上規模が大きい，あるいは昨年度より売上高が増えたなら，それは顧
客が求めていることによりよく応えられているという意味で喜ばしいことなの
です。

　売上高を増やしていくためには，過去の成功要因や失敗要因を探ることも重
要です。数字を読み解く基本的な視点は「過去推移」と「他社比較」になりま
すが，これに「分解」という切り口を加えることで，数字を掘り下げながら成
功や失敗の要因を探索することが可能になります。　売上高を分解する切り口
の代表例を**図表1-1**に整理しましたので，ご紹介します。

　1つ目は商品やサービスの切り口です。売上高を「販売数量」と「販売単
価」に分解するアプローチで，決まった規格の商品やサービスを比較的大量に
提供する業種に適していると思います。たとえば電化製品や日用品，食品など
の製造業や流通業のほか，出版業やメディア関係などです。

　2つ目は顧客の切り口です。1年間の売上高なら「顧客数」×「（1回当たりの）平均購入単価」×「（年間の）平均購入頻度」に分解して，集客面（顧客数），商材やサービスの魅力（購買単価），さらに顧客の囲い込み（購買頻度）といった側面から要因分析を行うことができます。これは主として顧客との継続的な接点が重要な業種に適したアプローチだと思います。たとえば小売業や外食業，金融業や通信業，あるいはSNSや娯楽系などです。

　3つ目は「市場規模」と「自社のマーケットシェア」とに分解する方法です。単価が安く大量に流通している商品などは顧客の特定が難しいことも多く，このようなマクロ的なアプローチが有効です。たとえば汎用部品や消耗品などの製造業など，流通過程を細かく捕捉できないケースに向いた切り口だと思います。

　4つ目は地域や事業といったセグメントに分けて見ていく方法です。成長著しいセグメントや停滞・縮小気味のセグメントなどを把握することで，売上のけん引役や低調な事業などを確認できます。いくつもの事業を傘下に抱える企業や，グローバル展開している企業などに向いた切り口といえます。

図表1-1 売上高を分析する切り口

	売上高				
商品サービス	販売数量	×	販売単価		
顧客	顧客数	×	平均購入単価	×	平均購入頻度
市場	市場規模	×	マーケットシェア		
地域	○○エリア	+	△△エリア	+	□□□ ⋯
事業	□□事業	+	◇◇事業	+	□□□ ⋯

　マーケティング戦略の成果は売上高だけでなく，売上総利益，営業利益にも表れます。この後，それら2つの利益がそれぞれどのような成果を表現しているのかについて解説していきます。

 ## 売上総利益とは？

　売上総利益とは，売上高から製造や仕入にかかったコストである売上原価を差し引いた儲けのことで，粗利とも呼ばれます。この利益がマーケティング的にどのような意味を持つかについて，町の電器屋さんを例に考えてみたいと思います。

　都心のターミナル駅から20分，閑静な住宅街で知られる駅前の商店街にこの電器店はありました。創業当時は洗濯板やかまどが当たり前の時代で，店では白熱電球やソケットなどを細々と売っていましたが，1960年代後半から70年代

にかけての高度成長期に電化製品の需要が急拡大，町の電器屋さんは人々の生活になくてはならない存在となったのです。

　しかし，いい時代はそう長くは続いてくれません。80年代に入ると大規模な量販店が相次いでオープン，豊富な品揃えと大胆な値引きで町の電器店のお客を根こそぎ奪っていったのです。大型店の出店ラッシュは90年代にかけても続き，ターミナル駅にはカメラ系の量販店が，幹線道路沿いには電器店系の量販店が立ち並び，消費者の旺盛な購買欲をしっかりと受け止めました。こうなると町の電器店はなす術がありません。件の電器店も沿線のターミナル駅に大型量販店が出店して以降，月商が半減してしまう事態に陥りました。それ以前の月商は平均で400万円，仕入原価はその7割だったので，月当たりの売上総利益は120万円ほどありました。しかし月商が200万に半減したことで売上総利益も60万円まで急落，深刻な経営難に直面していたのです。慌てた主人はとにかく売上を回復しなければと思い，大きな紙に「家電製品大幅値引き！」と書いて店の前に貼り出しました。さらに店の前に立って客の呼び込みに声を枯らすなど，それはもう必死です。そんな努力の甲斐あってか徐々に客足は回復，数ヵ月後の週末にはかつての賑わいを思わせるような活気が店に戻ってきました。

　しかし，そううまく話は終わりません。売れ行きは戻っても値段は相変わらず大幅値引きの状態だったからです。実は，値引きセールで客足が回復したのを見て売値を元の水準に戻したところ，途端に売れなくなったという苦い経験がありました。店舗の商品は平均3割引，このくらいやらないと量販店には対抗できません。しかし，仕入先であるメーカーへ価格交渉をしようにも取引量が小さいためにとりあってもらえず，販売価格は3割引でも仕入原価は値下げ前と変わらない，こんな状況が続いていたのです。値引きセール後の月商は400万円から280万円に減少した一方，仕入原価は変わらずの280万円で差し引きはゼロ，まったく儲けが出ていないことになります。月商が半分になったときのほうが利益的にはまだましだったというわけで，こんなことを続けていたらいずれ倒産してしまうでしょう。

　では，ここまでのところで売上総利益のマーケティング的な意味合いを考えてみたいと思います。売上高は顧客へ提供した価値全体を表す数字でした。ここから商材の製造や調達に要したお金である「売上原価」を差し引いた残りが売上総利益です。つまりは商材そのものではない部分の価値，総称すれば「付加価値」の大きさとなります。具体的には便利な立地や柔軟な配送サービスなど「利便性」に関連した価値や，顧客に有益な情報の提供や丁寧な顧客対応など「コミュニケーション」による価値提供，さらには充実した保証やアフターケアなどが含まれます。

　かつて町の電器店は，地元の人たちにとって電気製品を買える唯一の場所であったことが付加価値となっていましたが，量販店の進出によってそれが通用しなくなりました。量販店も電器店も商品はメーカーから仕入れているので差がありません。焦りもあったのでしょうが，今回電器店は大型量販店と同じ土俵で戦おうとしました。全品3割引で販売したことで価格面では互角になりましたが，その他の要素が量販店には及ばなかったということです。

　たとえば，品揃え。店舗の大きさを活かして幅広い商品を展示販売している量販店は，実際に目で見て触れられるという利点や在庫豊富で欲しいものを待たずに買えるといった魅力があります。あるいは立地。多くの人が利用するターミナル駅に隣接していたり，車で来店しやすいよう，幹線道路沿いに大きな駐車場を構えていたりすることも差別化要素になります。このような商品そのもの以外の部分の価値をどれだけ提供できていたか，それが売上総利益に表れるのです。ではここで，電器店のその後をもう少し見てみましょう。

　あれから数年。厳しい時代を乗り越え，町の電器店は復活していました。利益の出なかったしんどい状況から脱することに成功，今では量販店にはない付加価値を売りにしています。それは高齢者世帯をターゲットに，電気製品に限定せず何にでもよろず対応するコンシェルジュ・サービスにありました。商売抜きで日々高齢者世帯を回り，困り事がないか尋ねたり，茶飲み話につきあったりします。電球が切れたと聞けば店に電球を取りに行き，電球代だけいただいて取り付けまでしてあげます。エアコンやヒーターの簡単な掃除や，家電製

品の診断などもサービスの一環として行います。お金にならないサービスを積極的に提供するのは無駄なようにも見えますが，こういった付き合いから徐々に信頼関係が生まれ，電気製品の売上につながっていくのです。

　事実，量販店のような安売りはきっぱりやめた電器店でしたが，夏が近づけばエアコンや冷蔵庫，秋深まるころには暖房器具の相談を受けるなど，値段がどうこうではなくその電器店から買いたいという固定客が増えていったのです。量販店には提供できない付加価値によって電器店の月商は400万円に，売上総利益も120万円にそれぞれ回復していました。この120万円は付加価値への対価，つまり無償で提供したはずのコンシェルジュ・サービスに，お客さんがお金を払ってくれているという意味になります。このサービスがあるからこそ顧客は量販店より高い販売価格の電器店で電気製品を買いたいと思う，これが売上総利益に表れたということです。時代とともに，経営を取り巻く環境は移り変わっていきます。変化する環境に即した付加価値を提供できているかについて，ぜひご自身の会社や事業の売上総利益を確認してみてください。

3 営業利益とは？

　続いて，営業利益の意味合いについて考えていきましょう。さきほど，売上総利益は顧客に提供した付加価値の大きさを示す数字だと書きました。ここで再びあの電器店を題材にして，営業利益がマーケティング的にどのような意味を持つ数字なのかを明らかにしたいと思います。

　コンシェルジュ・サービスによって新たな付加価値を創造し，見事に売上高と売上総利益を回復させた町の電器店ですが，月商の3割，金額にして120万円もの付加価値を顧客に認めてもらうためには，いろいろと工夫や努力が必要だったようです。たとえば，店主が高齢者世帯を訪問して回る時間を確保するために，自身がそれまでやっていた店舗内の事務作業を任せる人材を新たに雇ったり，高齢者に見やすい製品パンフレットを作ったり，店独自の商品延長

保証を導入したりと，様々なことをやりました。ご想像のとおり，これらの取組みにはコストがかかります。そのコストは損益計算書のどこに表れるのでしょうか？

　それは販売費及び一般管理費，略称「販管費」です。販管費は付加価値を生み出す活動に関係したコストが計上される場所です。先ほどの電器店の取組みのほかにも，たとえば営業担当者の商品知識を高める教育研修費，フリーダイヤルの設置や配達サービスなど顧客の利便性を高める取組みにかかった経費，さらにはお客さま情報の漏洩防止の対策費用などが挙げられます。

　お客さまに価値を買っていただくことがビジネスです。お客さまへの提供価値の総額である売上高をスタートに，商材そのものの価値に関連した費用（売上原価），また付加価値を生み出すための費用（販管費）をそれぞれ差し引いた残りが営業利益になります。このような意味から，営業利益はビジネスとしての成果を表す儲けといえます。町の電器店がコンシェルジュ・サービスによって売上高，売上総利益を回復させても，事務員の雇用やパンフレット作成にお金がかかりすぎていると，営業利益は縮小してしまいます。付加価値を高めてもビジネスとしての成果が小さくなっては，見事復活！　と喜んでもいられません。電器店としては，販管費への追加投資分を売上高で取り戻すための方策（例：新規顧客の拡大，顧客あたりの購買額アップなど）を積極的に考え，実行していく必要があるでしょう。やや大きな話に戻れば，戦略も日々の改善活動も，そのほとんどは事業活動を強くするための取組みであり，その成果を表す営業利益が拡大したときにこれまでやってきたことが間違っていないと確信できるのです。

【コラム：株主が営業利益を重要視する理由とは】

　企業へ資金提供してくれる株主も営業利益には強い関心を寄せています。株主にとって営業利益はどのような重みがあるのかについて，次のようなケースで考えてみましょう。

　上場企業の営業部門で働くAさんは，自身の勉強も兼ねて株式投資をやってみようと思いました。とりあえず，出勤途中に駅で経済新聞を買ってみましたが，新聞の株式欄には虫眼鏡を使わないと読めないほど小さな文字で銘柄や数字，記号などがびっしりと書かれており，初心者には意味がよくわからずまったくお手上げの状態です。

　困ったAさんは昼休みを待って，株式をやっている先輩にアドバイスを求めることにしました。先輩はAさんが初心者であると知って，「そうか。最初から大損してトラウマになってもいけないから，比較的リスクの少ない安定した業績の会社がいいだろうな。たとえば……」

　そして近くにあったA4のコピー用紙に，さらさらと10社ほどの企業名を書いて渡してくれたのです。「結果についての責任は取れないけど，まあこの辺りから選んでおけば間違いはないと思うよ。」

　日本に3,800社もある上場企業の中から10社に絞れただけでもありがたいことです。しかし，この10社の中からどの会社の株を買うかはAさん自身が決めなければなりません。あらためて10社のリストを見ると，聞いたこともない名前の会社も何社か入っているようで，いまひとつイメージが湧きません。さてAさんはここからどう投資先を絞り込んでいったらよいでしょうか？

　帰宅したAさんは早速自分のスマホから，先ほどの10社のホームページを見にいきました。各社のホームページには事業内容や企業規模，さらには製品・サービスの紹介などが載っています。これらを踏まえて，その企業の業界についてもネット検索すれば，主要な顧客や競合企業の顔ぶれなども見えてくるはずです。製品やサービスはどのようなところで使われているのか，今後も伸びが期待できそうか，競争相手は多いのか，海外企業との競争はあるのかなど，業界の将来性や企業の競争力などを判断するための材料がいろいろと見つかったようです。

　そして10社すべてのホームページを訪れたAさんは，集めた情報をもとに投資対象を1社に絞り込み，翌日ネット証券を通じて株式を購入，晴れて株主となったのです。

　ここで問題です。手にしたのは株式ですが，Aさんはその会社の何に期待をして投資を行ったのでしょうか？

　その会社の主たる事業，つまりビジネスの成功に投資したことになります。社長さんが有名人だとか，会社のマスコットキャラクターが人気だとか，今話題のオフィスビルに本社を構えているとか，ある意味会社の特徴ともいえる要素は親近感や憧れを抱く要素にはなるでしょうが，それらを直接の理由に株を買う人はほんの一握りです。大多数の株主はそういった特徴も利用して，会社がどれだけの業績を上げてくれそうかという点に最大の関心を向けています。極論すれば，株主はその会社のビジネスにしか興味がないといってもいいかもしれません。お金を投資しているのですから当然のことですね。
　このような意味からも，ビジネスの成果を表す営業利益は株主にとって大変重要な数字なのです。

4 損益分岐点分析の有効活用

　ここまで損益計算書の売上高から営業利益の意味合いをご説明しました。実は売上高から営業利益については損益計算書とは異なる科目での分類方法があり，これをもとにした損益分岐点分析という手法が存在します。損益計算書にはない観点からの分析ができるので，それをご紹介したいと思います。

　まずは基本のおさらいからです。**図表1−2**を見てください。これが損益分岐点の概念図です。縦軸に金額をとり，横軸には数量を置きます。たとえば1個100円の商品を売るなら，1個で100円，2個で200円の売上になるので，売上高のラインは，100円と1個の交点，200円と2個の交点，300円と3個の交点を通る直線で表すことができます。

　続いて，売上を獲得するためにかかった費用のラインをこのグラフに描き加えます。売上原価と販管費を想像されるかもしれませんが，実はそれら2つの費用をそのままグラフ上に描いても損益分岐点は見えてこないのです。

図表1-2　損益分岐点のグラフ

損益分岐点とは，赤字でも黒字でもない損益トントンの状態になる
売上高や販売数量を指しています。

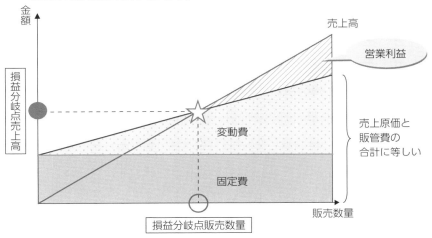

損益分岐点を出現させるためには，売上原価と販管費の中身をいったんばら
して，それら1つひとつの費用を次の2つの費用グループに分類しなおす必要
があります。

【損益分岐点のための費用の分類方法】
販売数量に応じて増減する性質を持つ費用は「変動費」というグループに，販売
数量に関係なく一定してかかる費用なら「固定費」というグループにそれぞれ分
類する。

たとえば変動費は，原材料費や商品の仕入コストなどです。一方の固定費は，
事務所の家賃や従業員への給与，広告宣伝費などが該当します。販売数量に連
動するかどうかを基準に，売上原価と販管費に含まれるすべての費用を変動費
と固定費に分類できたら，さきほど売上高のラインを描いたグラフに描き加え
ていきます。

まず固定費の総額をグラフに描きます。固定費は常に一定額なので，図表1

-2のようにグラフの左端から右端まで，同じ高さの水平なラインになります。続いて変動費のラインを描き加えます。変動費は販売数量に応じて増減するので，売上高と同じく一定の角度が付いた直線になります。グラフへの描き入れ方ですが，図表1-2のように固定費の上に変動費のラインを乗せるイメージで描きます。これで損益分岐点分析に必要な3つのラインが描けました。

　ここで損益分岐点の場所を確認しておきましょう。損益分岐点は利益も損失も出ない状態を指しますから，図表1-2でいえばちょうど売上高とコストが同じ金額になる場所，☆印がそれに当たります。そして，この☆印の場所は「金額」と「数量」という2つの側面から確認が可能です。

　金額面は☆マークを左に引っ張っていった先，縦軸の●印のところになりますが，ここは「いくら売ればトントンか」，つまり損益分岐点に到達するために必要となる売上高を示しています。今度は☆印を下におろしていき，横軸で見てみましょう。○印の位置になりますが，ここは「いくつ売ればトントンか」，つまり損益分岐点に相当する販売数量を示しています。

　グラフ上で損益分岐点の正確な数値を確認するのは困難なので，分析時には別途計算が必要です。図表1-3のように，損益分岐点を求める式は2つあります。まず，損益分岐点販売数量は固定費を1個あたり限界利益額で割って求めるのですが，この限界利益という聞き慣れない言葉について補足しておきます。

図表1-3　損益分岐点の計算式

損益分岐点は売上高（金額），販売数量（件数）の2つの切り口で分析ができます。それぞれ以下の計算式によって求めることができます。

損益分岐点販売数量（いくつ？）
＝固定費÷1個（件）当たり限界利益額

損益分岐点売上高（いくら？）
＝固定費÷限界利益率

　損益分岐点を出現させるにはコストの組換えが必要だと書きましたが，売上原価と販管費を損益分岐点の分析用に組み換えることで，売上高から営業利益までの範囲にある科目がどう変化するかを**図表1-4**に示しています。損益計算書での分類が左側，組換え後の姿が右側になります。売上高と営業利益はコストの組換え前後で変化はありませんが，損益計算書で売上高から売上原価を差し引いて売上総利益となっていたものが，損益分岐点では売上高から変動費を引いて限界利益という構造に変化しています。さらに，限界利益から固定費を差し引いて営業利益という流れも，損益計算書とは異なっています。

図表1-4　損益計算書と損益分岐点の体系

損益計算書とは利用目的が異なるため，
損益分岐点分析にはコストの組換えが必要

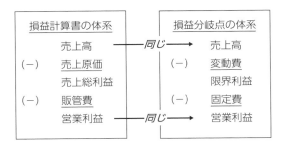

　さて，限界利益は売上高から変動費を引いて求める，ということはわかりました。この限界利益がどのような意味を持つ儲けなのかについても，ここで理解しておきましょう。

　限界利益を求めるために必要な2つの数字，売上高と変動費にはある共通点があります。それはどちらも「販売数量に比例して増減する」ということです。販売した数が100個なら，100個分の売上高と変動費が計上されます。200個ならその倍額，50個なら半分になるわけです。そして，これら2つの要素から求められる限界利益もまた，販売数量に比例して増減する特徴を受け継いでいます。販売数の伸びにリニアに反応する利益，それが限界利益なのです。

　ここで損益分岐点販売数量の計算式に戻りましょう。固定費を1個当たり限

界利益額で割るという意味を少し説明したいと思います。**図表1-5**の上段は，損益分岐点のグラフから固定費を外したものです。売上高が増えるにつれて変動費も増えていきますが，売上高のラインの角度のほうが大きいので，変動費との間に隙間ができます。これが限界利益です。もしこのグラフのように固定費が全くないとしたら，限界利益はそのまま営業利益となり，1個目の売上からすでに営業黒字の状態になります。しかし，どのようなビジネスであっても給料や家賃，電気代や通信費など，固定費はかかるはずです。そこで，さきほどの売上高と変動費のグラフに固定費を書き加えてみると，図表1-5の下段のように見慣れた損益分岐点のグラフになりました。上段のグラフでは販売1個目から営業利益が出るので，損益分岐点は販売数量がゼロの位置になりますが，固定費を加えた下段のグラフでは，損益分岐点の位置を示す☆印は固定費の分だけ上方に移動しています。

　つまり，売上高と変動費から生み出された限界利益は，まず固定費を埋めるために使われ，その総額が固定費とイコールになったときに損益分岐点に到達するというわけです。ですから，固定費を1個当たりの限界利益額で割るのは，何個売れば固定費を埋めることができるかを求めるためなのです。

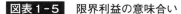

図表1-5　限界利益の意味合い

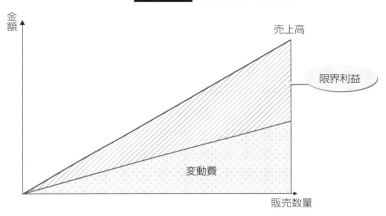

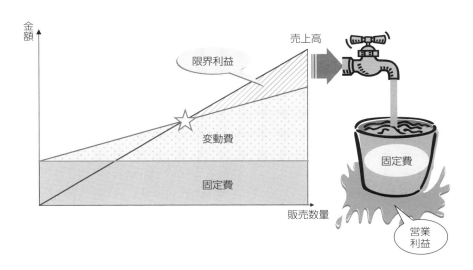

　続いて損益分岐点売上高も見てみましょう。まず，限界利益率は限界利益を売上高で割ったものです。仮に売上高＝100，限界利益率＝20％，固定費＝60とした場合で，この計算式の意味合いについても考えてみましょう。限界利益額は20（＝100×20％）で，これで固定費（60）を埋めていきます。その後，限界利益が固定費と同額に達したときの売上高はいくらになっているでしょう

か？

　限界利益が固定費と同額の60になった時点なので，売上高は60÷20％＝300になります。すなわち，固定費÷20％（限界利益率）で損益分岐点に到達したときの売上高を算出できるのです。

　ではここから，損益分岐点分析のもっともベーシックな利用方法として，新商品やサービスの販売計画の立案を題材にした手法をご紹介したいと思います。

　レコード会社に勤めるＡさんは，ある新人アーティストのデビューアルバムの営業担当を任されました。現在そのアルバムの販売計画を策定中で，とりあえず今の時点では**図表1-6**のような状況です。しかし，それが妥当な内容なのかどうかは，当のＡさんにも確信が持てていません。

　そこでＡさん，以前買った会計の入門書を本棚から引っ張り出し，パソコンに向かい始めました。開いているのは損益分岐点を解説したページで，どうやらこれに倣って，まずは損益分岐点を求めてみようということらしいです。損益分岐点となる売上高や販売数量の計算式は図表1-3に出ていますから，皆さんも計算してみてください。

図表1-6　販売計画と損益分岐点分析

レコード会社の販売担当Aさんは，新人アーティストのデビューアルバム発売に際して，以下のような数値計画を立てました。

売上計画
CD卸単価　　　　　　　　　　　　　　　　　　　　　2,100円
発売枚数　　　　　　　　　　　　　　　　　　　　　4,000枚

変動費計画（CD1枚当たり）
プラスチックケースやジャケット，ブックレットなどの製作費　　300円
著作権使用料＆各種印税　　　　　　　　　　　　　　　540
物流費（CD1枚当たり10円と仮定）　　　　　　　　　　10
変動費合計　　　　　　　　　　　　　　　　　　　　850円

固定費計画（総額）
広告宣伝費　　　　　　　　　　　　　　　　　　　5,000,000円
その他の一般管理費　　　　　　　　　　　　　　　1,000,000
固定費合計　　　　　　　　　　　　　　　　　　　6,000,000円

> まずは，損益分岐点売上高，損益分岐点販売枚数を求めてみましょう

　Aさん，少し悩みながらも正しく計算できたようです。損益分岐点売上高は，固定費600万円を限界利益率59.5％で割って，1,008万円になりました。同じく販売数量は，固定費600万円を1枚当たり限界利益額1,250円で割って，4,800枚と出ました。

「……？」

　Aさん，何かまずいことに気付いてしまったようです。販売計画に従って，売上高から営業利益までの予想数字を出してみましょう。図表1-7がそれですが，なんと営業赤字になっています。

図表1−7 損益分岐点の計算例

CD1枚当たり		
販売単価		2,100
変動費		850
限界利益		1,250
限界利益率		59.5%

損益分岐点売上高 ＝ 固定費（600万円）÷限界利益率（59.5％）

＝ 1,008万円

損益分岐点販売枚数 ＝ 固定費（600万円）÷１枚当たり限界利益（1,250円）

＝ 4,800枚

予想業績		
売上高	8,400,000	円
変動費	3,400,000	円
限界利益	5,000,000	円
固定費	6,000,000	円
営業利益	−1,000,000	円

赤字だ〜！

　4,000枚の計画では赤字になってしまいますが，このアーティストのファン層は限定的で，これ以上販売枚数を増やしても売れ残りのリスクを高めるだけだと会社は判断しています。また，上司からは4,000枚でも利益が出るよう，固定費を削ることをアドバイスされました。

　そこでAさん，損益分岐点が800万円に下がるよう，固定費を見直すことにしました。では，損益分岐点をちょうど800万にするには，固定費をいくら削ればいいのでしょうか？　Aさん，今回はかなり悩みましたが，なんとか答えを導けたようです。

　まずは損益分岐点売上高の公式を使って，あるべき固定費を求めます。今回のケースでは損益分岐点売上高に目標とする800万円を置いて，固定費を逆算で求めます。限界利益率は変わらず59.5％ですから，固定費は800万円×59.5％で476万円となります。計画当初の固定費は600万円だったので，ここから476万円を差し引いて，必要な削減額は124万円と判明しました（**図表1−8**）。

　このように，損益分岐点は損益トントンの売上金額や数量を求めるだけでなく，費用の削減目標の試算にも応用できるなど，様々なシーンで使える分析ツールです。

図表1-8　固定費を削減して赤字を回避

損益分岐点売上高	＝	800万円	
限界利益率	＝	59.5％	

損益分岐点売上高	＝	固定費	÷	限界利益率
800万円	＝	固定費	÷	59.5％
固定費	＝	800万円	×	59.5％
	＝	476万円		⇒現在の600万円から124万円の削減が必要

予想業績

売上高	8,400,000円
変動費	3,400,000円
限界利益	5,000,000円
固定費	4,760,000円
営業利益	240,000円
損益分岐点売上高	8,000,000円

　さて，ここまでもっともベーシックな損益分岐点分析を見てきましたが，損益分岐点は過去から継続している事業や商品についての分析にも利用できますので，その手法をご紹介しましょう。

　図表1-9を見てください。すでに見慣れた損益分岐点のグラフのようですが，図表1-2のものとは少し違っています。売上高のライン上には損益分岐点の☆印のほか，実績金額を示す★印が加えられています。そう，既存の事業や商材が分析対象となっているのです。この図を使って，どこに着目すれば良いかを説明したいと思います。

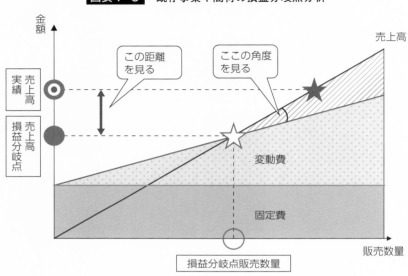

図表1-9 既存事業や商材の損益分岐点分析

① 限界利益率による分析

着眼点その1は，売上高と変動費のラインで作られる「角度」の大小です。さて，この角度は何を表していると思いますか？

答えは，損益分岐点を越えてからの利益の出方になります。この角度が開いているほど，損益分岐点をクリアした後，商品やサービスを1つ販売するごとに得られる利益が大きくなるのです。売上高と変動費のラインで作られる角度なので，これは「限界利益率」を表しています。損益分岐点を越えてしまえば，限界利益が埋めるべき固定費はもうありませんから，限界利益はそのまま営業利益になり，☆印より右側の売上高と変動費のラインが作るスペースが営業利益額の大きさとなるのです。

この角度は時間の経過とともに閉じてくるのが自然な変化といえますが，その理由を考えつつ分析アプローチを解説していきたいと思います。

今回はこの角度が閉じてきているケースで考えてみます。角度が閉じた分だけ儲かりにくくなっているわけですから，速やかにその原因を把握して手を打

たねばなりません。原因を効率よく探るためには，財務分析の基本，分解して掘り下げるアプローチを用います。

　図表1-9をよく見てみましょう。限界利益率の角度は何と何のラインで構成されていますか？

　そうですね，売上高のラインと変動費のラインの組み合わせで限界利益率の角度が作られています。限界利益率の角度が閉じるということは，(1)売上高のラインの角度が寝てきているか，(2)変動費のラインの角度が起き上がってきているか，いずれかもしくは両方が原因として考えられます。ではまず，(1)売上高のラインの角度が寝てきているというのは，どういう状況を指しているのかを考えてみましょう。これは売上高のラインの角度が何を表すかを考えれば，答えが見えてきます。

　たとえば今，1個100円の商品と200円の商品，それぞれの売上高ラインをグラフに描きこむにはどうすればいいでしょうか？　単価100円の商品なら横軸が1個のときに縦軸は100円，横軸が2個のときは縦軸に200円となり，それぞれの交点をグラフの中に打っていき，それらを直線で結んで完成です。単価200円の商品は横軸が1個のときに縦軸は200円，横軸が2個のときは縦軸に400円となります。結果，売上高のラインは200円の商品のほうが急角度になっているはずです。そう，売上高のラインの角度は「販売単価」を表しています。それも定価ではなく実売単価です。つまり，売上高のラインの角度が寝るという現象は「実売単価が下がってきている」ことを表しており，考えられる原因は，他社との価格競争の激化です。

　今はどのような商品・サービスであっても顧客は複数の選択肢から選ぶことができる，そんな時代です。提供側の企業としては，機能や品質，使い勝手など，様々な点で特長を持たせようとしますが，どれもすぐに他社品にも備わるようになり，顧客から見れば「どれも同じようなもの」ととられてしまいがちです。こうなると価格が重要な判断要素となり，企業間の価格競争が激化するために売上高のラインが寝てきてしまうのです。

　商品やサービスの「コモディティ化」という言葉を聞いたことがないでしょ

うか？　今説明したような状況を指す，マーケティング用語です。あなたの会社の商品やサービスにも，このコモディティ化の兆候が見られないか，売上高のラインの角度や，実売単価の推移をチェックしてみてください。

　続いて変動費のラインの角度の意味です。変動費のラインが起き上がってくるのは，どのような状況にあるときかを考えてみましょう。

　まず，変動費のラインの角度は何を意味するかについてですが，これは変動費の売上高に対する率を表しています。つまり，このラインの角度を見れば変動費というコストが売上高に対して割高／割安，どちらの状況にあるのかを把握できるのです。変動費のラインの角度が以前より起き上がってきているのなら，それは変動費が割高な状況になっていることを指しています。そのようなときは，変動費に含まれる費用1つひとつを売上高に対する率で見ていくことで，原因を特定できます。たとえばメーカーなら，材料費や光熱費，物流費の高騰などが考えられます。

　さて，ここまでは限界利益率の分析アプローチを見てきましたが，既存の事業や商材を対象にした損益分岐点分析はこれだけではありません。有効な分析手法をもう1つご紹介しましょう。

②　安全余裕率による分析

　先ほどの図表1-9を見てください。実績数字を盛り込んだ損益分岐点のグラフです。これからご紹介するアプローチは現在の業績水準がどのくらい安全かを見るもので，売上高の実績も使って分析します。図表1-9の中に矢印で示された部分がありますが，この矢印の長さが安全マージンを表しています。これは「安全余裕率」と呼ばれ，売上高の実績（★印）が損益分岐点（☆印）から，どのくらい離れているかを実績の売上高に対するパーセンテージで示したものです。

　損益分岐点は赤字・黒字を分ける境界になります。損益分岐点よりわずかでも左に行けば赤字になってしまうので，☆印は崖っぷちのような場所です。その崖っぷちからどのくらいの距離に実際の売上高があるかを測れば，現状どの

程度のマージンを持った状態なのかを評価できる，このような考え方に立った分析指標です。安全余裕率は下の囲みの中の式で求めることができます。

安全余裕率 = （実績売上高 − 損益分岐点売上高）÷ 実績売上高 × 100%

　現在は不確定要素の多い時代だといわれます。これは環境の変化を予想することが，昔に比べて大変難しくなったという意味です。そのような環境の下でビジネスを行う企業にとってなにが大きなリスクかといえば，それはやはり，想定できない原因やタイミングで売上高が下方にブレることだと思います。もし自分の会社が，売上高のわずかな減少で即赤字になるような状況にあったとしたら，どうでしょうか？

　安全余裕率は，このような状況に陥らないための羅針盤です。赤字に転落する崖っぷち，つまり損益分岐点からどれだけ距離を保った位置に自分たちがいるのかを把握することで，自社の現状を正しく評価することができます。じり貧になる遥か手前で気づき，必要な手を打つことで，長期的な視野で事業を推進する環境を得るチャンスが広がる，そのために活用したい指標なのです。

第2章

ビジネス以外の収益・費用の分析と評価

1 経常利益と営業外収益/費用

　ここからは営業利益の次の利益，「経常利益」を解説していきます。**図表2-1**を見てください。これは営業利益から経常利益に至る損益計算書の抜粋です。営業利益に利息や配当金の受取り，為替の差損益など様々な科目が足し引きされて経常利益に行き着いています。これらは「営業外収益/費用」と呼ばれ，売上高や原価，販管費とはまた性質の異なる収益や費用になります。営業外と呼ばれる意味合いを理解するためにも，まずはこれら主だった科目について順に見ていきましょう。

図表2-1　営業外収益/費用の主な項目

	営業利益	100	←ビジネス活動の成果
+	受取利息・配当金	10	←預金や貸付などからの利息や出資先からの配当金
+/−	有価証券売却益/損	5	←短期的な資金運用目的の株式や公社債の売却に伴う損益
+/−	有価証券評価益/損	−10	←短期的な資金運用目的の株式や公社債の相場変動による損益
+/−	為替差益/損	−5	←為替相場の変動による損益
+/−	持分法による投資利益/損失	15	←持分法適用会社と呼ばれる出資先の最終損益の取り込み
−	支払利息	−20	←有利子負債に対する利息
=	経常利益	95	←企業活動全体の成果

※記載の数字は一例です。

　1つ目は受取利息・配当金です。まず受取利息は銀行預金や保有する公社債，さらにはお金を貸している企業などから受け取る金利を計上します。商売をやっていればお金の出入りが頻繁にあるので，預金口座の開設は必須でしょう。また，国債や社債など預金以外の形で資金を運用することも，リスク分散の意味からは有意義なことだと思います。このような行動が背景にあって，受取利息が発生するのです。

　受取配当金は出資先の企業から受け取る配当金のことです。たとえば，ある企業に出資して事業パートナーになる，あるいは有望な分野・地域で他社とジョイント・ベンチャーを立ち上げるなど，事業成長を目的に他社と資本関係を結ぶことは珍しいことではありません。一番の目的は売上拡大など事業での成果ですが，出資先企業から利益の分配として配当金を受け取るのも，株主としての立場から生じる副次的な収益といえます。

　続いて，有価証券売却損益や評価損益は，短期的な資金運用目的で保有する株式や公社債など，いわゆる流動資産に計上されている「有価証券」の売却や相場変動による損益を指しています。

　さらに為替差損益は，為替レートの変動による差益や差損のことです。海外進出によってビジネスチャンスを広げる，あるいは原材料をより安価な地域から仕入れてコスト競争力を高めるなど企業のグローバル化が進むにつれて海外通貨での取引が増え，こうした差損益が発生するのはある意味やむを得ないことだといえます。

　持分法による投資利益/損失とは，主に関連会社の業績の影響を計上する科目になります（次頁の【コラム：持分法による投資利益/損失とは】で詳細に解説していますので，こちらをお読みください）。

　一方，企業活動に必要な資金を金融機関などから調達することも必要です。支払利息には，いわゆる有利子負債（第3章４参照）で調達したお金にかかる金利の支払いが計上されています。

　以上，営業外収益/費用に含まれる主な勘定科目を見てきましたが，これらに共通する意味合いとはどのようなものでしょうか？　銀行口座の開設や他社への出資，仕入れや販売の海外ネットワークの構築，さらには事業活動のための資金調達など，これらはビジネスを行う前準備，言い換えればビジネスを行う舞台づくりに関係した活動と見ることができます。そこから生じた収益と費用はあくまで副次的なものなので，「営業外」という名目で計上されるのです。

　最後に，営業利益と経常利益の意味合いの違いを**図表2-2**に表しました。営業利益はビジネスそのものの成果を表していましたが，経常利益は資金調達や他社への出資など，ビジネスを行う舞台に係わる要素まで取り込んだ，いわば「企業活動全体の成果」と捉えることができます。

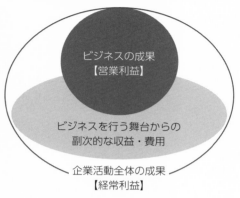

図表2-2　営業利益と経常利益

ビジネスの成果
【営業利益】

ビジネスを行う舞台からの
副次的な収益・費用

企業活動全体の成果
【経常利益】

【コラム：持分法による投資利益/損失とは】

　「グループ経営」という言葉を聞いて，あなたはどのような経営形態を想像するでしょうか？　一般的な定義では，「親会社を中心として，統一した意思のもと，グループ内の企業が足並みを揃えて活動する」ことのようです。かつては1つの会社の中にすべての事業を抱えた「事業部制」が主流でしたが，世の中の変化スピードが速くなるにつれ小回りのきく活動態勢が求められるようになり，カンパニー制（事業の疑似子会社化）さらには分社化（事業の完全子会社化）へと組織形態も変化していきました。

　現在のようなグループ経営の成果を測定するには，親会社と子会社の実績だけで評価するのは十分とはいえません。同じ企業グループの中で資本関係を持つ会社のことを「関係会社」と呼びますが，その中には2つのタイプの会社が混在していることをご存じでしょうか？

　1つは「子会社」です。親会社が過半数の株式を保有しているか，それと同等の支配を行っているグループ企業のことをいいます。もう1つは「関連会社」と呼ばれるもので，一般的に親会社が20％〜50％の株式を持つ企業がこれに該当します。親会社から見れば「経営を支配するには至っていないが，大株主として重要な影響を与えられる立場にある」グループ企業になります。グループの業績に重要な影響を与えない小規模なものを除いて，関連会社は「持分法適用会社」とも呼ばれ，「持分法による投資利益/損失（以降，持分法損益）」はこの会社に関わりのある損益になります。

　先ほど述べた，親会社と子会社の業績だけでグループ全体の評価はできないという理由がこれら持分法適用会社にあるので，補足しましょう。

　子会社の業績，資産や負債はすべて企業グループの決算書である連結P/L, B/S, C/Fに取り込まれます。一方，持分法適用会社は親会社の支配下にはないという理由から，グループの決算には連結されません。しかしながら，大株主として経営に重要な影響を与えているということは事実ですから，やはり何かしらの恩恵や責任が持分法適用会社から親会社グループにもたらされるはずです。これをどう親会社グループの決算に反映し，可視化できるだろうかと考えた結果が「持分法損益」を営業外収益/費用に計上するということになりました。以下のＡ社の例で説明しましょう。

　Ａ社は独自の技術に強みを持つメーカーです。これまで国内市場をターゲットに業容を拡大してきましたが，ここ数年で国内市場の伸び悩みや新興国を中心とした海外市場の成長を肌で感じるようになっていました。Ａ社にはこれまで培ってきた技術やノウハウを活かすことで，海外においても十分に競争できる自信がありましたが，困ったことに海外には自社製品の販路を持っていません。一から販路を築き，地道な営業活動で市場浸透を図っていたのでは市場の立ち上がりに間に合わないとの懸念から，現地に販売網を持つ企業の力を借りようと，自社のスタッフを送り提携先を探し始めたのです。

　数週間が経ったころ，現地のスタッフから有望な提携候補先が見つかったとの連絡が入りました。海外でもしっかりと根を張ったビジネスを行いたいと考えるＡ社は，提携先企業には販売だけでなく現地でのブランディングや製品の共同企画など幅広い協力を望んでいました。そのためにはＡ社の持つ技術やノウハウなど重要な情報も，提携後はある程度オープンにすることも想定しています。提携交渉の場でＡ社がこのことを伝えたところ相手方も好感を持ってくれたようで，提携先企業に20％相当の出資を行い，Ａ社の関連会社に位置付けることで合意に至りました。

　この提携によって，Ａ社は自身の事業を海外で展開していくための足がかりを築くと同時に，提携先企業の株式を20％保有する大株主となったわけですが，Ａ社の思い通りにコントロールするには株式の持分が足りません。今後は彼らの自主性を尊重しながらも，海外事業が軌道に乗るよう，20％保有の大株主として効果的に経営に関与していくことになるでしょう。

　では，提携後のＡ社の会計に関連会社の業績がどのような形で表現されるのかを見ていきたいと思います。

　提携からちょうど１年が経過し，現地の提携先企業は決算日を迎えました。今年度は比較的業績が好調だったようで，売上高30億円，営業利益６億円，そして当期純利益が３億円という結果となりました。Ａ社はこの業績を，次のような考え方で自社の決算に取り込むことになります。

　図表２-３を見てください。Ａ社はあくまで一株主として，現地企業の活動の最終結果に対して権利と責任を持つ立場です。そこで今回のケースでは，Ａ社は現地企業の最終結果に相当する「当期純利益＝３億円」について，Ａ社が出資している割合＝20％分を引き受けます。この結果，6,000万円がＡ社の連結P/L内の持分法による投資利益に計上されることになります。

図表2-3　持分法投資損益とは

持分法適用会社とは，一般的に出資比率20〜50％の範囲内にある企業のこと。
大株主としての権利や責任を連結決算に取り込む意味で，持分法による投資損益を計上する。

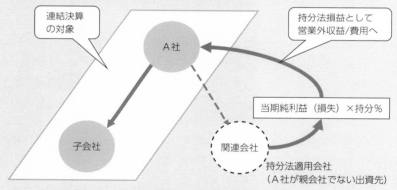

例）　Ａ社が20％保有する現地の提携先が，今年３億円の当期純利益を計上した。
　　　Ａ社が持分法利益として取り込む金額は…
　　　当期純利益（３億円）×持分（20％）＝6,000万円

　さて，Ａ社のケースは現地企業の業績がよかったので，持分法利益を獲得できましたが，逆に損失となるケースもあるわけです。子会社化するのではなく持分法の範囲での出資は，相手企業の経営の自立性を尊重した協力関係を築くことを意味します。この点を十分に踏まえながら，自社がうまく経営に関与できているかの成果がこの持分法損益に表れると考えると良いと思います。

投資家が評価しない利益とは？

　「儲かる」という言葉は耳に心地よく響くマジックワードだと思います。しかし，実をいうと損益計算書には冒頭であげた売上総利益〜当期純利益の５つの利益とは少し性質の異なる「利益」が存在し，それは企業の業績とは見なされず，投資家からもあまり歓迎されないもののようです。

　その利益を明らかにするために，先ほどの５つの利益を２つのグループに分けてみたいと思います。さてどこで線を引いたらよいでしょうか？

　答えは，経常利益と税金等調整前当期純利益の間になります。年度予算を立てるときを考えてみましょう。予算を立てる範囲はもちろん売上高から当期純利益までですが，実は経常利益より下に予算の精度を左右する不確定要素が隠れているのです。それは「特別利益」と呼ばれるもので，意味合いとしては「通常の企業活動と直接関係がなく，特別な理由によって発生した利益」となります。そこにはどのようなものが含まれているのでしょうか？　特別利益に計上される代表的なものをあげてみたいと思います。

- 有形や無形の固定資産を購入時に想定した使用期間が終わる前に売却して得た利益
- 子会社や事業部門の売却によって得た利益
- 長期保有の他社株式を売却して得た利益

　これらの共通点は「本来は長期に渡って活用するはずだった資産を，事業環境の変化に伴い手放した結果の利益」ということになりますが，実際に売却してみないとその額もわかりません。そのため予算を踏まえて公表される年度計画にも特別利益が盛り込まれることはなく，企業にとっても投資家にとっても「見えない利益」となるのです。

　また，利益だけならプラスに働く期待が持てますが，マイナスにつながる「特別損失」という科目も存在します。次のようなものがその代表例です。

- 有形や無形の固定資産を購入時に想定した使用期間が終わる前に売却または廃棄して生じた損失
- 子会社や事業部門の売却や整理によって生じた損失
- 長期保有の他社株式の売却損や評価損
- 割増退職金など人材のリストラにかかった費用
- 災害などによって生じた損失

特別利益に比べて特別損失のほうが項目も多く，金額も大きくなるケースが多いため，利益による押し上げ効果より損失による下振れリスクへの懸念が投資家を悩ませます。まさに蓋を開けてみるまでわからない，見えないリスク要因なのです。

このような意味から，特別損益は毎年のブレ幅を小さくしていくことが大切です。そのためにはまず過去の損益計算書を眺め，特別損益の項目の中で何度も出てくる勘定科目を探しましょう。それがその企業のブレの要因です。土地や建物，設備など有形固定資産に関連した損益なら設備投資計画と深い関係があります。投資計画の承認過程と投資後の活用状況や運用状況を検証しましょう。投資有価証券に関係した科目が多いようなら出資の目的とその後の運用状況について確認が必要です。もし事業面での提携などを目的としたものならば，提携の範囲や協力関係が計画当初より狭まっていたり，限定的になっていないかを確認してみましょう。また，長期資金の運用目的で株式や公社債を持っているなら，それら資金の投資プランの確認や，リスクの高い運用に偏っていないかなどポートフォリオの再考を図りたいところです。のれんの償却や人員のリストラなどは，過去のM＆Aに関連して発生したものが多いので，日本企業の重要課題の1つともいわれる「ポストM＆A（＝M&A後）」の経営状況について，問題点の洗い出しが有効だと思います。

3 最終利益は誰のもの？　〜当期純利益〜

　企業は日々，社内外の様々なステークホルダー（利害関係者）を巻き込みながら活動しています。これまでは損益計算書を企業活動とのかかわりで読み解いてきましたが，ここではステークホルダーという観点から損益計算書を眺めてみたいと思います。損益計算書の一番上にある売上高から順に企業の活動に関わってくる人や組織を思い浮かべながら読み解いていきましょう。

　まずは売上高です。この数字とかかわりの深いステークホルダーは誰でしょうか？

　企業が提供したモノやサービスを買ってくれる人。そう，顧客です。企業と顧客との間では「提供する価値」と「その対価」とが取引の都度，交換されています。続いて，売上原価を考えてみましょう。ここには製造に使われた材料や労働力，設備の償却費やエネルギー代のほか，商品の仕入コストなども計上されており，それらを提供してくれる相手との利害交換が行われることになります。製造業ならものづくりに携わる社内外の人々に労働の対価を支払う，製造設備メーカーや電力，ガス，水道会社などに購入対価を支払うなどが主なものでしょう。流通業なら仕入先に商品の代金を支払う，仕入れの際の輸送代金を業者に支払うなどがあげられます。また外食産業なども原価の面では製造業に準じますので，製造設備を調理設備と読み替えてみてください。

　今度は販管費です。販管費には営業や販促のための活動，あるいは企業内の管理業務などに関係した費用が計上されるので，これらの活動や業務に関わる人たちが利害関係者となります。社内の営業および管理部門の人員やそれら業務を委託した外部業者，オフィスの賃貸会社やOA機器等のリース会社など，ここではものづくりや仕入れ以外の活動に携わる社内外の人や組織と利害の交換を行っているのです。

　さらに営業外収益/費用のところでは，金融機関などとの間で預金や借入金の利息を授受しているほか，出資先や資金の運用先から利息や配当金を得るな

どの利害が交換されています。また税金関連の欄では，国や地方が提供するインフラや行政サービスなどの利用対価として法人税や住民税などを納めるという利害交換が行われています。

　ここまで売上高をスタートに，一番下の当期純利益までを利害関係という切り口でざっと見てきましたが，ここでまだ名前のあがっていない重要な利害関係者が1人残っているのがわかりますか？　図表2-4を見ながら考えてみてください。

　そう，株主ですね。株主の皆さんは会社の活動を資金面で支えてくれる重要な存在ですが，当期純利益までの計算過程ではまだなにも見返りを受け取っていません。そこで最後に残った当期純利益は，その全額を株主に還元するという決まりになっているのです。

　以上の経緯から，毎年十分な額の当期純利益を生み出すことは，株主還元の観点から大変重要な意味を持っています。特に社外に多数の株主を持つ上場企業には，株主への還元を強く意識した経営が求められているのです。株主還元についてはROE（第10章 **2**）や株主還元策（第9章）のところで詳しく解説していますので，併せてご覧ください。

図表2-4　損益計算書と利害関係者

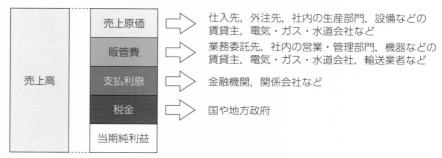

上記のプロセスを見ていくと，当期純利益に至ってなお，名前のあがっていない
重要な利害関係者が1人だけ浮かび上がってくる。

第3章

バランスシートの評価・分析
アプローチ⑴安全性分析

1 バランスシートの構造～全体像～

　本章ではバランスシートを評価・分析するアプローチを解説していきます。日本の会計基準の下では「貸借対照表」ですが，国際会計基準では「財政状態計算書」と名前が変わるため，本書では英語名の「バランスシート」という呼称を使っています。

　まずはバランスシートの構造から見ていきましょう。**図表3-1**を見てください。左側に「資産」，これは会社が保有する財産に相当します。右側は「負債」と「自己資本（純資産）」という2つの項目に分かれていますが，どちらも会社が抱える借金になります。つまり「右側の借金で左側の財産を支えている」構造，これがバランスシートです。さらに，資産と負債については「流動」と「固定（※国際会計基準では「非流動」と呼ばれますが，本書では「固定」で統一します）」に区分されており，その境界はこのバランスシートの日付から「1年」という期間になります。

　資産側なら「1年以内にお金になる財産」が流動資産に，「1年を超えてそのままの形で保有し続けるもの」が固定資産に計上されます。一方の負債側は「1年以内に支払いや返済が必要なもの」が流動資産に，「1年を超えてそのまま負債として残るもの」が固定負債に計上されます。なお，負債は外部への返

済や支払義務があることから「他人資本」とも呼ばれます。負債の主要な項目の1つである「有利子負債」については本章**4**をご覧ください。

　さて，バランスシートの右側にはもうひとつ「自己資本（純資産）」という項目があります。バランスシートは「資産」，「負債」，「純資産」という3つの項目からなっていますが，純資産は単に資産と負債との差額を一括りに表したもので，分析という観点からはそれほど重要な意味を持ちません。本書で紹介しているバランスシートがらみの分析で主に使用するのは「自己資本」という数字です。外部に返済や支払義務があるのが「他人資本（負債）」，これに対し「自己資本」は会社が返済義務を負わない借金を指しています。自己資本の詳細については，本章**5**をご覧ください。

図表3-1 バランスシートの構造

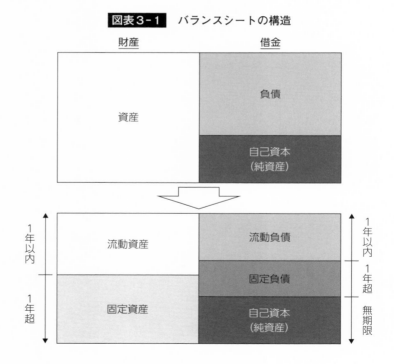

❷ バランスシートを分析するアプローチ

　ではここから，バランスシートを分析する２つの観点をご紹介していきます。**図表３-２**を見てください。

　１つ目はバランスシートの中を「安全性」の観点から評価・分析するものです。バランスシートの右側にある借金が左側の資産を安定して支えることで財務基盤は強固になり，不安なく資産活用に専念できるという考えから，これをいくつかの指標で評価するアプローチになります。

　２つ目はバランスシートを「効率性」の観点から評価・分析するというものです。保有する資産が収益（売上高）獲得にどれだけ活用されているか，また日々の資金は効率良く回っているかという２つの点をそれぞれ関連する財務指標を用いて検証していきます。

図表３-２　バランスシートの分析フレームワーク

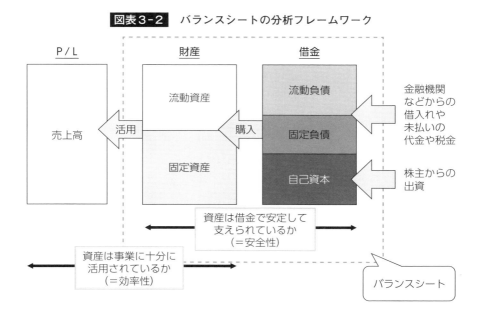

3 安全性を評価するアプローチ

　資産を活用したくとも，その資産が安全な状態になければきっと長続きはしません。安全性を評価する財務指標はいくつもありますが，本書では代表的な5つ＋1つをご紹介したいと思います。**図表3-3**を見てください。上記の5つの指標はどれもバランスシートの左右の関連を見て安全性を評価するもので，図のように短期的な視点と長期的な視点に分けることができます。一番下にあるICRは損益計算書の側から安全性を見る指標ですが，有利子負債の説明と併せてここでご紹介したいと思います。

図表3-3　安全性を評価する5＋1の指標

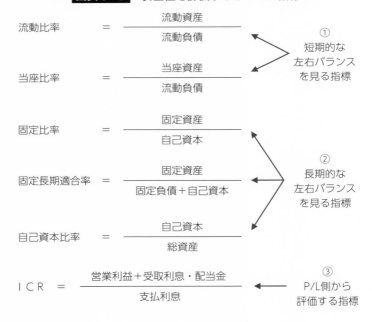

①　短期的な左右バランスを見る指標　—流動比率と当座比率—

　短期的な左右バランスを見る代表的な指標，「流動比率」と「当座比率」をご紹介します。両指標とも短期的な支払能力を評価することを目的としていますが，違いは支払いの原資に含める資産の範囲にあります。

　1つ目の流動比率は，1年以内に返済や支払いが必要な「流動負債」を，同じく1年以内に現金で回収される予定の「流動資産」で賄えるかを総額ベースで比較する指標です。流動資産を流動負債で割った結果が100％以上であれば，とりあえずは大丈夫という意味合いになります。ただし，流動負債に含まれる科目は買掛金や未払金（購入先），借入金（貸し手），未払税金（税当局）など，どれもカッコ内に記した相手先との契約や合意などに基づいて計上されているので，金額が変わる可能性はほぼありません。

　一方，流動資産に含まれる資産の多くは，たとえば景気が悪くなって売掛金の一部が回収不能になる，商品が売れずに評価損を計上する，保有する他社株式の価値が下がるなど残高が目減りするリスクを抱えており，それらリスクの実現に備えて流動資産の残高には多少の余裕を持たせておく必要があります。このため，流動比率は100％で安心というわけではなく，最低でも120％程度は欲しいと考えられますが，一部の例外もあります。

　それは外食産業や小売業など，現金での売上比率が高い業種です。現金商売は売掛金の残高が非常に小さい一方，仕入れは買掛けで行うため，流動資産より流動負債のほうが大きい企業が多く見られます。このため流動比率は100％を割り込むことになりますが，それはあくまで向こう1年分の残高レベルでの比較であり，日々の現金収入で都度の支払いを賄うことができれば問題はありません。実際のところ外食や小売産業では100％を下回る水準にありますが，それが即危険水域にあるとはいえないのです。このように業態やビジネスモデルによって合格ラインが変わってくるので，同じ業態の企業と比較して妥当な水準にあるかどうかを判断することも大切です。

　続いて当座比率に目を移しましょう。当座比率も支払いの必要な額として流動負債を使いますが，資産側は流動資産ではなく「当座資産」というものを使

います。これは流動資産の中でも「より確実に現金となる」科目だけを選んだ資産グループになります。**図表3-4**にあるように，一般的には現金・預金のほか，上場企業株式や国債など市場ですぐ換金できる有価証券類，さらには得意先との継続した取引の中で繰り返し計上と入金がなされる営業債権（売掛金や受取手形）が含まれます。なお，未収入金（※営業活動以外で生じた債権）や貸付金などは継続した取引でないことや，回収の不確実性が高いといった理由で当座資産に含まないケースが多いようです。本書もこれに倣って，やや厳格に当座資産を定義しています。

　以上のように当座比率は流動比率より厳しい条件で支払能力を評価する指標のため，計算結果が100％に満たないことも珍しくありません。一般的な目安として90％が合格ラインといわれますが，流動比率と同様に同業態の企業と比較することをお勧めします。

図表3-4　　当座資産と流動資産

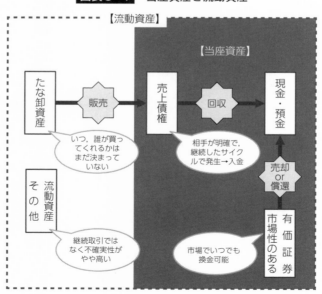

　最後にこれら２つの指標の算出例をご紹介します。

　図表３-５は，A社とB社のバランスシートから流動資産と流動負債に相当する部分だけを抜粋したものです。両社とも流動資産は180，流動負債は120となっています。ここで流動比率を計算しましょう。流動資産180を流動負債120で割ります。結果は150％と，まずまずの水準にありました。今度は当座比率です。流動資産の内訳はご覧のとおり各社それぞれとなっており，ここから当座資産に該当する科目を拾い上げて合計すると，A社は120，B社は90となりました。ここで当座比率を計算してみます。A社は当座資産120を流動負債120で割ってちょうど100％となりました。対するB社は当座資産90を流動負債120で割って75％とやや低い結果となりました。もし両社が同業態であったなら，B社はその水準に改善余地があるといえます。そこで，改善が必要と思われる科目を探る意味で内訳を見ていきます。A社に比べて売掛金と買掛金の残高が少ないB社ですが，たな卸資産とその他流動資産はA社より大きくなっています。両社が同業態なら売掛金や買掛金の残高が大きいA社のほうが売上高，仕入高ともに大きく，結果として在庫残高も大きくなりそうなものですが，これに反するようにB社の在庫が多いことに違和感を覚えます。たとえば，売れない在庫を多く抱えている可能性などが頭をよぎります。また，その他流動資産もA社より残高が大きいので，この中に回収リスクの高い貸付金や未収入金などが含まれていないか確認する必要がありそうです。

図表3-5 流動比率，当座比率の算出例

A社

流動資産	流動負債
現金・預金 20	買掛金 70
有価証券 20	
売掛金 80	短期借入金 30
	その他流動負債 20
たな卸資産 40	
その他流動資産 20	

当座資産 120

流動資産 180　　　流動負債 120

流動比率 = 180 ÷ 120 = 150 %
当座比率 = 120 ÷ 120 = 100 %

B社

流動資産	流動負債
現金・預金 30	買掛金 40
売掛金 60	短期借入金 60
たな卸資産 60	その他流動負債 20
その他流動資産 30	

当座資産 90

流動資産 180　　　流動負債 120

流動比率 = 180 ÷ 120 = 150 %
当座比率 = 90 ÷ 120 = 75 %

② 長期的な左右バランスを見る指標(1)　─固定比率と固定長期適合率─

　ここからは長期的な視点で左右バランスを見る指標の紹介に入ります。「固定比率」，「固定長期適合率」，そして「自己資本比率」の3つがその代表例ですが，まずは「固定比率」と「固定長期適合率」から説明しましょう。

　実は固定比率と固定長期適合率も当座比率と流動比率の関係に近いものがあります。それは，長期にわたる投資である固定資産とこれを支える借金との期間バランスについて，固定比率はやや厳しめに，固定長期適合率はもう少し寛大に見ているのです。

　図表3-6を見てください。両指標に共通する意味合いは「借金の返済を気にすることなく，固定資産を長期にわたって活用できる環境にあるかどうか」です。仮に今後5年間にわたって活用する製造設備の購入資金を短期の借入で調達していたなら，翌年にやって来る借金返済のためにどこからかお金を調達してこなければなりません。もしお金の手当てがつかなかったら，せっかく買った設備を売却して返済するといった本末転倒な事態にもなりかねず，将来の事業計画は大きく狂ってしまいます。このようなことが起こるリスクの大小

を見ているのです。

　固定比率が固定資産を返済不要の借金である「自己資本」だけで賄えている
かどうかで評価する一方，固定長期適合率は自己資本に加えて返済まで時間が
ある固定負債も含めてカバーしているかで評価します。両比率とも計算結果が
100％以下であればカバーできていることを表し，そのパーセンテージが低く
なるほど安全です。もちろん，より厳しい固定比率のほうで100％未満となれ
ば素晴らしいのですが，製造業や運輸業，不動産業など固定資産を多額に抱え
る企業にとってはハードルが高く，合格ラインに乗せることを目標にするのは
果たして現実的かという疑問も残ります。そのようなケースには固定長期適合
率を用いて評価すべきで，会社の業態やビジネスモデルによって両指標を使い
分けるのが適切だと思います。

図表3-6　固定比率と固定長期適合率

固定比率

長期保有の資産を購入する資金を
返済不要の借金で
賄っているかどうかを見ます

固定長期適合率

長期保有の資産を購入する資金を
返済期限まで余裕のある借金で
賄っているかどうかを見ます

③　長期的な左右バランスを見る指標(2)　─自己資本比率─

　続いては自己資本比率です。**図表3-7**にあるように，資産を支える借金の
うち，返済不要の「自己資本」がどれくらいあるかを見る指標です。

図表3-7　自己資本比率

自己資本比率

資産に含まれる「リスク」が現実となった際にも
返済不要の借金でそれをカバーできるかを見ています

　流動比率と当座比率のところでお話ししたように，景気の悪化などで売掛金の一部が回収不能になる，商品が売れずに評価損を計上する，保有する他社株式の価値が下がるなど，資産には様々なリスクが存在します。これらが実現すれば資産残高が縮小していきますが，その先に一体何が待ち構えているのを考えるために**図表3-8**を見てみましょう。仮に資産のリスクがすべて実現する最悪のケースに見舞われたとしても，負債を返済するだけの資産が残っていれば，とりあえず会社の経営は続けられます。これとは逆に負債を返済できない状態を「債務超過」といい，これは実質的な倒産宣告に他なりません。

　図にはA社とB社のバランスシートを並べています。両社とも総資産は100で，このうちリスクによって消失する可能性のある金額が40と同条件にしています。両社の違いはバランスシート右側の負債，自己資本の残高です。A社は負債50，自己資本50ですが，対するB社は負債70，自己資本30です。

　ここで資産のリスクがすべて実現して，残高が40減ってしまったらどうなるかを見てみましょう。A社の負債は50ですが，これは残った資産60で返済可能です。一方B社は負債が70あるので，残った資産60では完済することはできず，この状態を「債務超過」といいます。結果，A社はなんとか経営を続けられますが，B社はこのままでは倒産という末路が待っています。このようなことにならないよう，自己資本比率には普段から気を配る必要がありますが，資産の

構成によってリスクの大小も変わってきますので，ビジネスモデルが近い同業
態の企業との比較を通じて自社の適正な自己資本比率の水準を判断してくださ
い。

図表3-8 **資産のリスクを自己資本でカバーできないと…**

両社とも資産に含まれるリスクは「40」としたとき，
もし経営環境が悪化してリスクが実現したら…

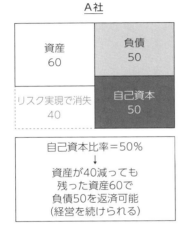

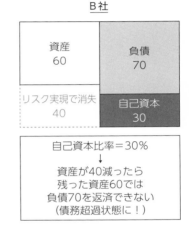

④ **P/L側から評価する指標 ―インタレスト・カバレッジ・レシオ（ICR）―**

第2章で触れたように，ビジネスを行うにはその舞台を整えるためのお金が
必要になります。借入金のほか社債や株式の発行など，資金の調達手段は様々
考えられますが，いずれの手段であってもお金を出してくれた人たちからは必
ず見返りを要求されます。特に，決まった金利をスケジュールどおりにきっち
り支払う必要がある有利子負債で事業資金を賄っている企業にとっては，金利
負担の重みは重要な関心事となるはずです。その金利を支払ってなお十分な儲
けが残るようでないと，将来に向けた事業投資も株主への配当還元もままなら
ず，経営は相当にしんどい状況になるでしょう。そこで，「インタレスト・カ
バレッジ・レシオ（以降「ICR」）」の登場です。

　ICRは分母に営業外費用に計上された「支払利息」（※これが，有利子負債にかかる年間金利になります）を置き，分子には調達した資金の運用成果として「営業利益」と営業外収益に入っている「受取利息・配当金」との合計を置きます。計算結果は「○○倍」と読んでください。この倍率が高いほど，借金の金利負担に対して資金の運用成績がよい状態であると判断できます。また，金利負担に余裕があることから，追加の資金調達余力が高いとの評価もできます。

　たとえば，今年度の支払利息が5億円，営業利益と受取利息・配当金の合計が30億円なら，ICRは30億円÷5億円で6.0倍になります。30億円の儲けから金利5億円をまず支払い，残りの25億円で税金や配当金の支払いや，事業への再投資などを行うので，倍率が高いほうがその余裕も大きいということです。逆に1桁の前半程度の水準，たとえば3倍程度になってしまうと，事業で得た儲けの3分の1が支払利息で消えてしまい，株主還元や事業投資を行う余力が極めて小さく，将来性に不安のある企業という評価を受けてしまいかねません。このようなことから，ICRは2ケタ維持を目標にしたいところです。

　図表3-9はICRの算出式について，バランスシートとの関連を示したものです。ICRの分母には支払利息を置きますが，これは有利子負債（本章**4**参照）にかかる年間コストです。有利子負債が必要になるのは，バランスシート左側の事業資産を購入するためです。その事業資産の活用による成果がICRの分子となる営業利益と受取利息・配当金の合計で，これは「事業利益」とも呼ばれます。負債の金利をコンマ数％減らすこともちろん有意義ですが，それ以上に事業資産の運用成績を高めることがICR向上の鍵となります。

図表3-9　インタレスト・カバレッジ・レシオ（ICR）とは

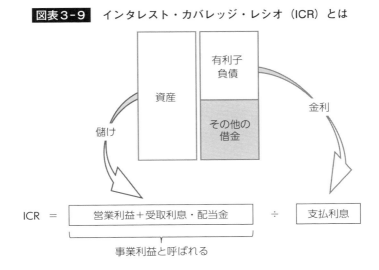

4　有利子負債とは？

　会社が資金調達の目的で借りた利息付きの借金のことを「有利子負債」といいます。**図表3-10**に記したように，一般に短期および長期の借入金，社債，コマーシャル・ペーパー，リース債務が有利子負債に該当します。各々の特徴や留意点を順に見ていきましょう。

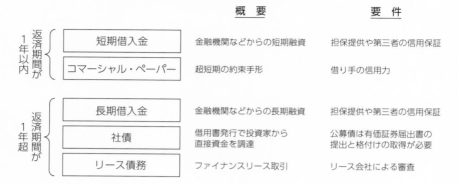

図表3-10　有利子負債の主要項目

	概　要	要　件
返済期間が1年以内 短期借入金	金融機関などからの短期融資	担保提供や第三者の信用保証
返済期間が1年以内 コマーシャル・ペーパー	超短期の約束手形	借り手の信用力
返済期間が1年超 長期借入金	金融機関などからの長期融資	担保提供や第三者の信用保証
返済期間が1年超 社債	借用書発行で投資家から直接資金を調達	公募債は有価証券届出書の提出と格付けの取得が必要
返済期間が1年超 リース債務	ファイナンスリース取引	リース会社による審査

　まずは借入金から説明します。これは金融機関などからの融資のことです。世界の中でも企業と銀行との結び付きが強いといわれる日本では，融資はもっともポピュラーな資金調達手段として長い間企業を支えてきました。融資を受けるためには，担保となる資産の提供や第三者の信用保証が必要です。また，借り手となる企業の信用力によって貸出金利も上下します。このように借りる際の条件は厳しめですが，多くの場合，他の資金調達方法に比べて低金利であるため，企業にとっては資金調達のコストを低く抑えられるメリットがあります。また，信用力の高い親会社が借入窓口となって，低金利で資金を一括調達し，グループ会社に再配分するやり方もよく見かけます。特に海外子会社などは現地での信用力がネックとなり，自力での資金調達が難しいことも多く，このようなスキームは有効に機能しています。

　続いてはコマーシャル・ペーパーです。これは銀行や証券会社に対して短期の約束手形を発行して資金調達する方法です。返済までの期間は1年未満ですが，実際は30日以内で返済するケースがほとんどとなっています。また，一部を除いて担保も必要ありません。企業から見たコマーシャル・ペーパーの魅力は，やはりそのスピードと低金利です。発行したその日にキャッシュを手にできるので，急な資金需要が生じた際の備えとしては大変心強く，また銀行融資などより低金利に抑えることができます。このような魅力を持つコマーシャ

ル・ペーパーですが，これを発行できるのは業績や財務基盤などが安定した信用力の高い企業に限られます。利用するためのハードルは高いものの，企業にとって活用したい資金調達手段の1つであることは間違いないでしょう。

　続いて社債の説明に移ります。コマーシャル・ペーパーと同様に原則担保不要の借金ですが，必ずしも信用力の高い企業限定というわけではありません。社債は債券の一種で，簡単にいえば借用証書のようなものです。これを発行して，投資家から資金を調達します。また社債を返済することを「償還」と呼び，企業の償還能力に応じて金利が上下するため，償還能力が高い企業は低金利で，償還能力が低い企業は高金利で社債を発行することになります。また，社債は償還まで1年以上とされていますが，実際には5年，10年など長期のものが中心です。

　ところで社債を発行する企業の償還能力がどの程度あるかを，投資家が的確に判断するのは簡単なことではありません。そこで，「格付け」の登場です。**図表3-11**を見てください。日本では金融庁に登録された「信用格付業者」と呼ばれる会社が債券の元本返済および利払い能力について評価し，それを格付けという形で公表しています。格付業者によって表現の仕方に違いがあるものの，基本的にはA→B→Cという順に償還能力が低くなっていきます。なお，格付けを必要とする社債は「公募債」と呼ばれるタイプで，これは債券市場で広く取引されているもっとも一般的なものです。社債にはもう1つ「私募債」と呼ばれるタイプがありますが，こちらは公の市場ではなく，企業が投資家を募って相対で社債を発行し資金調達する形式です。そのため格付けの取得は不要となりますが，金利は高く，企業の資金調達コストは膨らみます。

　さらに社債には，現金での償還に代えて，発行企業の株式と交換することも可能な「転換社債型新株予約権付社債（以降「転換社債」）」というものも存在します。転換社債は発行時に，株式と交換できる期間と1株の単価（→「転換価格」といいます）をあらかじめ決めておき，社債を購入した投資家がこの期間中に転換を希望すれば，現金の代わりに発行企業の株式を受け取ることができます。この特徴をうまく利用すれば投資家と発行企業双方に次のようなメ

リットがあります。

　まず投資家から見たメリットは，実際の株価が転換価格より高くなれば，株式に転換後すぐ売却することで差益を得られる点にあります。たとえば転換価格が1株500円のところ，その企業の株価が市場で700円になっていたら，投資家は自分が持っている転換社債を株式と交換してすぐに市場で売却すれば，差額の200円が儲かるわけです。反対に，もし市場の株価が転換価格の500円より安い価格で推移したなら，転換はせず社債のまま満期まで保有することで，その間の利息と元金を受け取れます。このように，株式の投機性と社債の安全性とを兼ね備えた点が，投資家にとっての魅力となるわけです。

　一方，発行企業のメリットはといえば，返済義務のある社債が株式に転換されることで借金の返済負担を軽くできることです。さらに，株価の状況によって，転換する／しないの選択権を投資家に与えることで，彼らの損失リスクを軽減できるため，その分社債の金利を低く設定できることがメリットとなります。

図表3-11 格付けについて

日本の信用格付業者

日本格付研究所（JCR）
ムーディーズ・ジャパン
ムーディーズSFジャパン
スタンダード＆プアーズ・レーティング・ジャパン
格付投資情報センター
フィッチ・レーティングス・ジャパン
日本スタンダード＆プアーズ

ムーディーズの表記方法

Aaa　- 最高位
A　- 投資適格程度
Baa　- ここより上が「投資適格」
Ba　- ここより下が「投機的」
Caa　- 信用リスクが高い
※Aa以下ではアルファベットに1，2，3が付く
　（例：A1，Ba2）

他社の表記方法

AAA　- 最高位
A　- 投資適格程度
BBB　- ここより上が「投資適格」
BB　- ここより下が「投機的」
CCC　- 信用リスクが高い
※AAからCCCには「＋」「−」が付く
　（例：A⁺，BB⁻）

　最後はリース債務です。これはファイナンス・リース（→ユーザーが希望する資産をリース会社が購入してユーザーに貸与する）で契約した資産について，それを利用する企業がリース会社に対して負う債務に相当します。具体的には，リース料の総額（※厳密には現在価値に換算後）とリース資産を現金で一括購入した場合の価格の，いずれか低い金額をリース債務に計上するのですが，簡単な例をあげて説明しましょう。

　A社は自社で使う製造設備について，毎月100万円の60ヵ月払いでリースを受けることにしました。60ヵ月のリース料の総額は6,000万円になります。一方，同じ製造設備を現金で購入した場合の価格が5,000万円であったなら，リース債務は5,000万円となり，リース料の総額との差1,000万円は，60ヵ月にわたり支払利息として順次計上されていくのです。負債として計上されたリース債務は，リース料の支払いとともに徐々に減っていき，60ヵ月目にはゼロとなります。

　ファイナンス・リースは自分が好きなものを選んで，それを一定期間にわたる延払いで利用できるという利便性が魅力です。また，社債などと同じように担保は原則不要，さらにリースは銀行からの借入枠には算入されないので，資金の借入余力を温存しておけるなど様々なメリットがあります。一方で留意しておきたい点は，ファイナンス・リースは原則として中途解約ができない（※できても多額の違約金の支払いが必要）ほか，「フルペイアウト」といってリース物件の購入価格だけでなく維持費用もリース料に含まれた契約であり，リース物件を自社で購入するのと実態はほぼ一緒であるということです。このため，中小企業の特例（※リース料総額が300万円以下，またはリース期間が1年以内の場合は免除）を除き，すべてのファイナンス・リースはオンバランスとなり，リースを使った（見かけ上の）資産圧縮などは図れません。リース期間にわたる資産活用へのプレッシャーは購入でもリースでも変わらないのです。

　国際会計基準によるリース資産の扱いについては77頁の【コラム：リース会計の黒船"IFRS16号"】をあわせてご覧ください。

5 株主資本，自己資本，純資産

　バランスシートの純資産の部には見慣れない科目が並んでいて，とまどう方も多いかと思います。ここでは純資産を構成する主要な科目の意味合いを整理してお伝えしたいと思います。

　図表3-12を上から順に見ていきましょう。まずは資本金そして資本剰余金の2つについてです。会社が過去に株式を発行して調達した資金の総額がこの2つの科目に振り分けて計上されています。このうち資本金は「株主の財産」という位置付けのため，会社がおいそれと手を付けることができない金庫のようなものです。これに対して資本剰余金は将来の不測の事態に備えて取り置いた分という位置付けなので，資本金を取り崩すより簡素な手続きで赤字の補塡に回したり，一部を配当金として払い出すことが可能です。さらに2006年に施行された「会社法」の定めにより，資本金の大小が税金負担の重みにも影響（例：資本金1億円以下の企業には軽減税率が適用される）することもあって，株主から払い込まれた資金を資本金と資本剰余金にバランスよく振り分けて運用する意味は大きいといえます。

　続いて利益剰余金です。これは会社が利益の一部を内部留保という形で蓄えてきた累計額に相当します。毎年の「（親会社株主に帰属する）当期純利益」から配当金の支払額などを差し引いた残りを積み上げたものと考えてください。資本剰余金と同様に何かあった際の蓄えとして会社が積み立てており，将来赤字になった際の補塡や一部を配当金として払い出すことができます。

　今度は「自己株式」です。これは自社の株式を他の株主から買い戻した際に計上する科目になります。自社株を買い戻す理由には株主還元，株価対策，買収防衛策などいくつかありますが（158頁の【コラム：自社株購入の効果とは】を参照），買い戻した金額は純資産にマイナスで計上される点が特徴です。これは現株主から株式を買い戻すことで，株主からの出資額が相殺されて小さくなっていくことを表しています。買い戻した株式はその後の取締役会決議を経

て消却することもできますし，役員や社員にストックオプションとして付与する
など再活用することも可能です。

　ここまでの4つの科目の合計は「株主資本」と呼ばれています。これは現株
主の持分を意味しており，その中身は株主からの出資と内部留保になります。

図表3-12　純資産の内訳例

＋	資本金	140	株式発行による株主からの出資累計額
＋	資本剰余金	80	
＋	利益剰余金	300	←過去の利益の内部留保額
＋	自己株式	−20	←他の株主から買い戻した自社株式
＝	株主資本	500	←現株主の持分総額
＋	その他の包括利益累計額	60	←有価証券や土地の含み損益など
＝	自己資本	560	←会社が返済義務を負わない借金総額
＋	新株予約権	20	←将来会社の株式を新たに引き受ける権利（の価値）
＋	非支配株主持分	30	←親会社持分が100％に満たない子会社の外部株主持分
＝	純資産	610	←会社が保有する正味の財産

※数字は記載の一例です。

　さらに下に目を移していきましょう。次にあるのは「その他の包括利益累計
額」です。これは有価証券や土地など時価が変動する資産の評価差額のほか，
為替や退職給付債務の換算差額などが計上されています。科目と年度ごとの計
上金額は損益計算書に続く「包括利益計算書」に記載されているので，一度ご
覧になってみてください。

　株主資本にこの「その他の包括利益累計額」を加えたものが「自己資本」に
なります。固定比率やROEなど様々な財務指標に使われるポピュラーな項目
ですが，日本基準のみならず国際会計基準のバランスシートにも自己資本とい
う独立した表記が見当たらないため，とまどう方が多いかもしれません。

　次は「新株予約権」と「非支配株主持分」です。これら2つに共通するのは，

どちらも自社の調達資金に該当しないという点です。この意味合いについて少し説明を加えましょう。

まず新株予約権はこれを行使することによって会社から株式を付与してもらえる権利のことをいいます。主に投資家向けに売り出される「新株予約権証券（ワラント）」や、会社が役員や従業員にインセンティブとして付与する「ストックオプション」がその代表的なものです。**図表3-13**を見てください。20X1年のある日、会社が対象者にストックオプションを付与しました。その内容は「1株当たり100円で最大10,000株まで購入できる権利」です。ただし、ストックオプションは一般的に「中長期での業績貢献」に対する報酬という位置付けにあるため、すぐに権利を行使することはできません。

今回のケースでは、権利行使は3年後の「20X4年」という条件が付いていたとしましょう。さてこのストックオプションは、20X4年の株価を見たうえで権利を行使するかどうかを、付与された対象者が決められます。この図にあるように、もし20X4年の株価が120円になっていたら、権利を行使して会社から株式を100円で10,000株購入、すぐに株式市場で売却すれば差額の20万円が自身の儲けになります。この権利を金融商品と見なして、その妥当な金銭価値（公正価値といいます）を見積もり、権利行使が可能となる20X4年まで「新株予約権」という名前で純資産に計上しておきます（この図では500円）。このように、新株予約権はまだ株主からの出資がされていない状態なので自己資本には含まないのです。

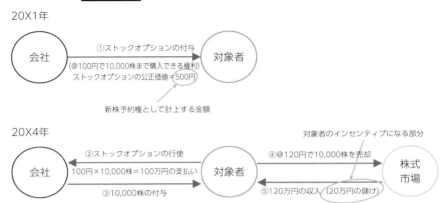

図表3-13 ストックオプションの仕組みと新株予約権

続いて「非支配株主持分」も説明します。多くの企業は事業活動のスピードアップや効率性向上などを目的に子会社を抱えています。子会社というと親会社が株式の100％を保有している姿を想像しがちですが，実は親会社の持分が51％や70％など100％に満たないケースも少なくありません。このようなときに，親会社以外の株主を「非支配株主」と呼び，彼らの権利を金額として計上しているのが非支配株主持分なのです。ここで非支配株主の権利について，親会社が株式の70％を保有する子会社を題材に説明しましょう。

100％子会社のケースでは子会社の売上高から利益，資産や負債すべてを親会社に連結して取り込みますが，はたして70％のケースだとどうなるのでしょう？

答えは100％子会社のケースと同じになります。持分が何％であろうと子会社の経営権は親会社が握っており，子会社が抱える人，もの，金はすべて自由にできます。つまり親会社は子会社のすべての株主を代表して経営を行い，子会社のバランスシートや損益計算書は100％まるまる親会社に連結されるのです。では，親会社以外の株主は何も得られないのでしょうか？　もちろん，そんなことはありません。経営権こそ親会社に託しますが，株主としての権利や責任はしっかりとその手に保持しています。30頁の【コラム：持分法による投

資利益/損失とは】で紹介した「持分法損益」を思い出してください。経営権を持つには至らない出資比率の関連会社（持分法適用会社）に対しては，大株主として間接的な影響を与えながら株主の権利または責任として1年間の最終損益（当期純利益）を自分の持分に応じて引き受けるという考え方でした。今回の「非支配株主」もこれと同様の立場にありますから，当期純利益に対する権利と責任を負うことになります。

　ここまでの理解を踏まえて，非支配株主持分へと話を戻しましょう。仮に70％の持分を保有する子会社なら，親会社はそのバランスシートや損益計算書を100％まるまる連結します。その後に子会社の当期純利益（または損失）の30％を外部にいる非支配株主の取り分として「非支配株主持分」に計上します。自社の資金ではないということから，非支配株主持分もまた自己資本には含まないのです。

第4章

バランスシートの評価・分析アプローチ⑵効率性分析

1 効率性分析とは？　～回転率と回転期間～

　個人で保有する資産は極端な話，たなに飾って眺めておくだけでも一向に問題はありませんが，企業の資産については少し事情が違います。バランスシートを見てわかるとおり，金融機関や投資家など多くの人たちから預かったお金で購入した資産はそれを事業で積極的に活用することが求められています。そこで，ここからは企業が保有する資産の活用状況を評価するアプローチについてお話ししたいと思います。

　資産の活用状況は「効率性」と呼ばれ，これを評価するには「回転」という指標を使います。**図表4-1**に示したように，回転による評価方法には「回転率」と「回転期間」の2種類がありますので，それぞれ順に説明していきましょう。

　まずは回転率からです。回転率は年間の売上高を分子に置き，分母には活用度を測りたい資産項目の残高を置いて求めます。売上高は1年間の累積額なので，これに合わせて資産の残高も前期末（つまり今期の期初）と今期末の残高を足して2で割った平均値を使うのが一般的です。そして回転率の意味合いですが，これは次の例で説明したいと思います。

　今，A社の年間売上高が24億円，総資産残高が12億円あったとします。資産

全体の効率性を測りたいと思い，総資産の回転率を求めることにしました。分子に売上高の24億円を置き，それを総資産残高の12億円で割り算した結果は，2.0という数字になりました。単位は「回」になりますが，これを「倍」と読み替えてもらったほうが回転率本来の意味合いに近づくと思います。2.0倍の意味は，「Ａ社の資産は１年間でその２倍に相当する売上高を稼いだよ」ということをいっているのです。同じ資産規模でより多くの稼ぎを獲得すれば，2.0倍が2.5倍，3.0倍と上昇していきます。このように，回転率は高いほどその資産がよく活用されているということを表しています。

　一方の回転期間は，効率性を評価したい資産の残高を分子に置き，分母には年間の売上高を12ヵ月（ないしは365日）で割った平均の月商（または日商）を置いて計算します。ある特定の月や日の売上高は季節変動などの影響を受けやすいため，できるだけ平常時の状態で評価するという意図からこのように平均値を取ります。では，先ほど回転率の説明に使った例と同じ条件で計算してみましょう。

　ここでは，回転月数を使って説明します。分子に総資産残高12億円を置き，これを年間の売上高24億円を12ヵ月で割った数字，２億円で割り算します。結果は12億円÷２億円＝6.0となり，その単位は「ヵ月」です。これは，「Ａ社の資産への投資は，６ヵ月で回収できている」という意味です。投資はできるだけ短い期間で回収できたほうがよいので，６ヵ月より５ヵ月，さらには４ヵ月のほうが資産をよく活用しているという評価になります。ここで，６ヵ月は１年間（12ヵ月）に２回あるので，「回転率＝2.0回」と「回転期間＝６ヵ月」とは同じ意味合いになるのです。

　効率性の分析は**図表４−２**のように流動資産（短期）と固定資産（長期）に分けて行うのが効果的です。流動資産の効率性は主に資金の回転という観点から，また固定資産の効率性は資産の活用という面からそれぞれ評価します。ではその手法についてこの後解説していきましょう。

図表4-1 回転という指標でバランスシートの効率性を評価する

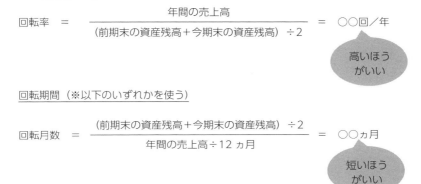

$$回転率 = \frac{年間の売上高}{（前期末の資産残高＋今期末の資産残高）÷2} = ○○回／年$$

高いほう
がいい

回転期間（※以下のいずれかを使う）

$$回転月数 = \frac{（前期末の資産残高＋今期末の資産残高）÷2}{年間の売上高÷12ヵ月} = ○○ヵ月$$

短いほう
がいい

$$回転日数 = \frac{（前期末の資産残高＋今期末の資産残高）÷2}{年間の売上高÷365日} = ○○日$$

図表4-2 資産の効率性を分析するアプローチ

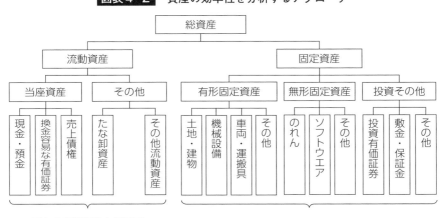

総資産

流動資産 ／ 固定資産

当座資産 ／ その他 ／ 有形固定資産 ／ 無形固定資産 ／ 投資その他

現金・預金 ／ 換金容易な有価証券 ／ 売上債権 ／ たな卸資産 ／ その他流動資産 ／ 土地・建物 ／ 機械設備 ／ 車両・運搬具 ／ その他 ／ のれん ／ ソフトウエア ／ その他 ／ 投資有価証券 ／ 敷金・保証金 ／ その他

日々の事業活動を通じて
お金は効率良く
回転しているか？
【運転資本とCCC】

売上を獲得するために
事業で十分活用されているか？
【固定資産回転率】

2 効率性分析⑴運転資本とCCC

　運転資本とは「企業が日々活動するために必要となる資金」，つまり短期的なキャッシュフローの状況を表す指標です。「運転資本＝流動資産－流動負債」という定義をよく見かけますが，財務分析を行う際にはこれをもう少し絞り込み，企業活動の中でも特に重要な「営業活動（＝ビジネス）」における必要資金の大きさを見ることをお勧めします。営業活動の資金は主として「売上債権」，「たな卸資産」，「仕入債務」の3要素から成り，本書では流動資産に代えて売上債権とたな卸資産の残高合計を，流動負債に代えて仕入債務残高を使って説明していきます。ビジネスが順調に拡大しているのに資金繰りがどんどん苦しくなるなどといった状況に陥らぬよう，これら3つの科目の意味合いや分析視点などを見ていきましょう。

　まずは資産側の「売上債権」と「たな卸資産」から説明します。売上債権とは売掛金や受取手形の合計で，顧客に販売した商品・サービスの代金のうちまだ回収されていない残高のことです。一方のたな卸資産は手持ちの完成品在庫のほか，原材料や貯蔵品，仕掛品と呼ばれる製作途中のものなどが含まれます。ではこれら2つの要素の関係についてお話しします。**図表4-3**を見てください。左下の「たな卸資産」はお客様が欲しいときにすぐ商品を提供できるよう，あらかじめ自社に在庫している分です。在庫を抱えることによって，販売機会を逃さずに済むというメリットがあります。また，売上債権は商品やサービスの販売代金を一定期間分まとめて請求することで，購入のつど現金を支払う煩わしさからお客様を解放してあげるサービスのようなものです。お客様に利便性を提供することで，将来にわたって良好な取引関係を維持できるというメリットを期待できます。このようにどちらも商売をスムーズに回すうえでは有効な手立てだと思いますが，その対価として，たな卸資産の調達費用や販売代金が入金するまでの各種の支払いは自腹となります。

　今度は，仕入債務について見てみます。図表4-3のように，商品や材料な

どたな卸資産の調達に関しては，仕入先から見て自社がお客様という立場になります。先ほどの売上債権と同じ理屈で，仕入先は仕入債務を計上して自社からの支払いを一定期間猶予してくれます。いうなれば，自社の在庫の一部を仕入先が持ってくれているイメージでしょうか。

しかしいくら仕入先が便宜を図ってくれたとしても，仕入債務の残高だけで売上債権とたな卸資産の合計額を相殺するのは難しいと思います。バランスシートはその名のとおり左右が同額となる構造ですから，足りない分についてはどこからかお金を借りてきて手当てすることになります。この借金に相当するものが「運転資本」なのです。

図表4-3　営業活動とつながりが深い（狭義の）運転資本

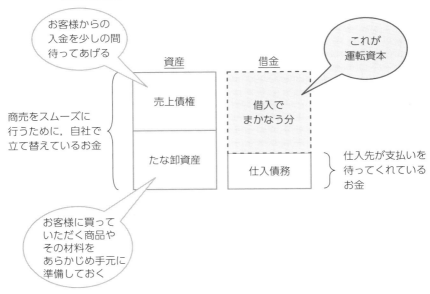

先述したとおり，本書で採り上げる運転資本は「日々の営業活動に必要な資金」に絞っていますが，これが増えるにつれ資金繰りは苦しくなり，手元資金の枯渇や借金への依存を促進します。そのようなことにならないよう，運転資本の状況は定期的にチェックする必要がありますが，その方法としてもっとも

ポピュラーなのが運転資本を日数に換算して評価するアプローチです。これは「キャッシュ・コンバージョン・サイクル（以降「CCC」）」と呼ばれ，次のように計算と評価・分析を行います。

まずはCCCの計算方法から説明しましょう。**図表4-4**の上部にあるように，CCCは売上債権回転日数とたな卸資産回転日数の合計から仕入債務回転日数を差し引いて求めます。なお，売上債権は販売代金の未回収額なので，売上高を用いて日数換算します。他方，たな卸資産と仕入債務はどちらも仕入に関係したものなので，売上原価を使って日数に置き換えるのが一般的で，本書でもそのように日数換算をしています。

図表4-4 キャッシュ・コンバージョン・サイクル（CCC）

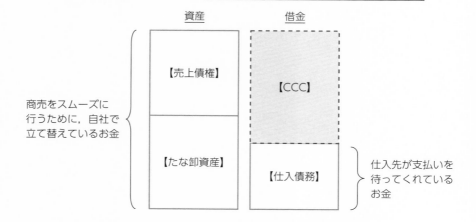

ではここで実際に数字を入れてCCCを求めてみたいと思います。

　図表4-5を見てください。ここでは上段のB/S，P/Lを前提に，売上債権は売上高を，たな卸資産と仕入債務は売上原価をそれぞれ使用して，回転日数を計算しました。さらに，これら3つの日数から計算したCCCは58日となりました。

図表4-5 CCCの計算例

売上債権，たな卸資産，仕入債務の残高が以下の金額であったなら，
回転日数とCCCはそれぞれ何日になるでしょうか？

【バランスシート】　　　　　　　　　　　　【損益計算書】
売上債権残高　＝　480万円　　　　　　　売上高　　＝　3,650万円
たな卸資産残高　＝　440万円　　　　　　売上原価　＝　2,920万円
仕入債務残高　＝　360万円

売上債権回転日数　　　＝　売上債権残高　　÷（売上高÷365日）
　　　　　　　　　　　＝　480万円　　　　÷（3,650万円÷365日）
　　　　　　　　　　　＝　480万円　　　　÷　10万円
　　　　　　　　　　　＝　48日

たな卸資産回転日数　　＝　たな卸資産残高　÷（売上原価÷365日）
　　　　　　　　　　　＝　440万円　　　　÷（2,920万円÷365日）
　　　　　　　　　　　＝　440万円　　　　÷　8万円
　　　　　　　　　　　＝　55日

仕入債務回転日数　　　＝　仕入債務残高　　÷（売上原価÷365日）
　　　　　　　　　　　＝　360万円　　　　÷（2,920万円÷365日）
　　　　　　　　　　　＝　360万円　　　　÷　8万円
　　　　　　　　　　　＝　45日

ＣＣＣ　＝　売上債権回転日数＋たな卸資産回転日数－仕入債務回転日数
　　　　＝　48日　＋　55日　－　45日
　　　　＝　58日

　この日数が長いのか短いのかを判断するには，同業他社のCCCと比較する

のがお勧めです。**図表4-6**のように，競合企業A社と比較した例を使って
CCCの評価アプローチをご紹介します。

図表4-6 CCCの評価アプローチ例

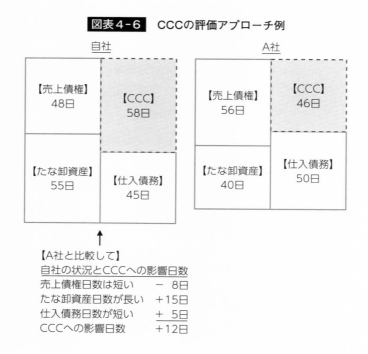

まずCCCについて見てみると，自社の58日に対してA社は12日も短い46日
と，優位な状況にあることがわかります。この比較から，自社のCCCには改
善余地があるといえるでしょう。そこでこの差がどこに起因するのか，CCC
の構成要素に分解してそれぞれの日数差を見ていきたいと思います。まず売上
債権については，自社より8日も長いA社のほうが代金の回収に時間がかかっ
ていることがわかります。一方，たな卸資産についてはA社より15日分も多く
在庫を抱えている自社のほうが不利な状況です。同様にA社より5日ほど短い
仕入債務の回転日数も自社のCCCを長期化させる一因となりますが，これに
ついては次のような点を考慮のうえ判断してください。

販売代金の回収期間（＝売上債権回転日数）が短い企業は「入金が早いから

支払いも早くできる」という考えのもと，仕入代金の支払いを早める代わりに値引きなどの条件交渉を仕入先と行うことも可能です。今回のケースでは売上債権日数がＡ社より短いことを自社のアドバンテージと捉え，仕入債務の支払いを短縮したという可能性も十分考えられますので，もしこのように仕入債務回転日数が短いケースに遭遇したら，それが仕入面で何らかの好条件を獲得することにつながっているかを社内で確認しましょう。もし仕入面の条件改善につながっていることがわかったなら，Ａ社より5日短いという点に関しては問題ないと判断して構いません。このような可能性も含みつつＡ社との比較結果を総括すれば，一番の懸念は「たな卸資産の回転日数が長い」ことだと思います。景気の悪化や需要減などを理由に売れない在庫が溜まってしまっているのか，取引先の契約不履行や自社の信用問題など何らかのトラブルがあって宙に浮いてしまった在庫なのか，はたまた原材料や完成品の仕入れにかかるリードタイム（期間）がＡ社より長いために手元に置いておくべき安全在庫量が多くなってしまっているのかなど，その原因を究明したうえで迅速な手当てが求められます。

　最後に，業態や業種によるCCCの一般的な傾向を参考情報としてお伝えしたいと思います。まず企業を相手にしたビジネスを行っている業種は「掛売り」が基本となるので，売上債権の残高は大きく，そして回転日数も長くなります。また製造業や卸・小売業など形ある商材を扱う業種では，原材料や仕掛品，製品・商品などのたな卸資産の回転日数が長めになるだけでなく，それらの仕入れによって発生した仕入債務の回転日数も長くなります。一方，小売業や外食産業など消費者を相手にする業態では現金売りの比率が高いだけでなく，クレジットカードやQRコード決済による売掛金も比較的短いサイクルで入金するため，売上債権の回転日数は10〜15日程度と非常に短くなります。一方で販売する商品や調理用の食材，飲料などの仕入れは掛けで行うため，買掛金は売掛金の日数より長くなる点も特徴です。特に食品や飲料，外食産業など商材の鮮度が重視される業種では，たな卸資産の回転が数日〜20日程度と短いため，CCCがほぼゼロないしはマイナスとなるケースも珍しくありません。**図表4−**

7に整理してみましたので，併せてご覧ください（※表内の日数はあくまで一般的な目安です）。

図表4-7 業態によるCCCへの影響

	サービス		製造		小売		外食
	個人向け	法人向け	耐久消費財など長期使用するもの	日用品や食品，飲料など	耐久消費財など長期使用するもの	日用品や食品，飲料など	
売上債権	現金売り主体のため短い（15日以内）	掛け売りのため長い（30日以上）	掛け売りのため長い（30日以上）	掛け売りのため長い（30日以上）	現金売りとカード決済などが混在（30日以内）	現金売りの比率がより高く非常に短い（10日以内）	現金売り主体のため短い（15日以内）
たな卸資産	ほぼゼロ	ほぼゼロ	製造に時間を要するものや長期保管可能なものが主体のため長い（40日以上）	鮮度重視のため短い（20日以内）	単価も高く長期保管可能なため長い（30日以上）	鮮度重視のため短い（20日以内）	生鮮品の比率が高いため非常に短い（10日以内）
仕入債務	ほぼゼロ	ほぼゼロ	掛け仕入のため長い（20日以上）	掛け仕入のため長い（20日以上）	掛け仕入のため長い（20日以上）	掛け仕入のため長い（20日以上）	掛け仕入のため長い（20日以上）
CCC	短い	やや長い	長い	やや長い	やや長い	非常に短い	非常に短い

3 固定資産の基礎知識

　長期投資と聞けば，設備投資に始まり，他社への出資や情報システムの構築など，様々なものが思い浮かびます。会計上，これら長期投資を包括している

のが「固定資産」です。固定資産の一般的な定義は，「将来の売上高や利益を
獲得するために，長期間にわたって事業で活用されるもの」で，その性質に
よって「有形固定資産」，「無形固定資産」，「投資その他の資産」の3つに分け
られます。まずは，これら3つの資産の概要から説明しましょう。

①　有形固定資産は土地や建物，設備など

　まず，有形固定資産は土地，建物，機械設備や什器，車両など，明確な形を
持った資産の集まりです。製造業なら土地，建物，設備などが，流通業であれ
ば物流拠点の土地，建物や倉庫内設備，さらには自前のトラックなどが代表的
なものでしょう。

②　無形固定資産はいわゆる「権利」

　続いては無形固定資産です。これはいわゆる「権利」を集めた資産グループ
で，特許権や商標権など○○権という名の付いたものや，自社で使っているソ
フトウエアなどが含まれます。また，借地権や電話加入権など一部の例外を除
いて減価償却も行われます。外部から購入したものは売買価格をもとに資産計
上されますが，自社で申請・登録した特許権や商標権などについては，その一
部のコストが資産に，残りは費用として損益計算書に計上されます。

　ここまで，有形，無形の固定資産の概要を紹介しましたが，建物や機械，自
動車などは経年劣化であちこちが傷んできますし，生産性や機能面でも徐々に
陳腐化していくのが自然な姿です。また商標や特許，ソフトウエアなどの利用
価値も永遠に持続するとは思えません。会計の世界でもこれらの資産の多くに
は寿命があり，事業での活用を通じて徐々に減耗していくと考えられています。

　具体的には，会計のガイドラインに沿って資産ごとに利用可能な期間（寿
命）を設定し，月次で資産残高を「減価償却費」に振り替えていく処理を行い
ます。一部の例外として，土地や美術品，電話加入権などは時間の経過によっ
て価値が減ることはないという理由から，減価償却を行いません。

③ 投資その他の資産は事業活動から生じる投資や財産

　最後に３つ目の資産グループ，投資その他の資産です。ここには有形，無形以外の長期性の資産が記録されていますが，その中でも特に注目したい科目といえる「投資有価証券」，「繰延税金資産」の２つをご紹介します。

　投資有価証券には関係会社株式のほか，取引先や金融機関と良好な関係を築く目的で保有している株式（"政策保有株式" と呼ばれる），さらには長期の資金運用目的で保有している株式，公社債，投資信託などが含まれます。流動資産に分類される「有価証券」は短期の資金運用を目的としているのに対し，投資有価証券は事業面でのメリットを期待して保有される資産が中心です。

　ただ，政策保有株式については，長期保有してくれる安定株主を作るというメリットの一方で，事業への直接投資に比べて効率性の低いケースが多く，また市場での株式の流通量が減少することで上場していること自体の意味に疑問符が付くなど問題点も指摘されています。コーポレートガバナンスの強化，さらには東京証券取引所の最上位市場にあたる「プライム市場」が(1)上場株式における流通株式比率が３分の２以上，かつ(2)流通時価総額が100億円以上という条件を付けるなど，企業が政策保有株式の縮減に取り組むことを奨励する状況となっています。

　続いて「繰延税金資産」に話を移しましょう。これは「税効果会計」というルールに関係した資産で，少し詳しく説明したいと思います。

　まず税効果会計が生まれた背景について，簡単に触れておきましょう。損益計算書を始めとした決算書は「企業の状態を正確に伝える」ことを目的に作成されています。一方，納税時のルールである税法は「税金を確実かつ公平に徴収する」ことを目的としています。この目的の違いが収益および費用の扱いの差に表れるため，損益計算書と税申告書の利益額や税額に差異が生じてしまいます。そこで，税効果会計という処理によって，会計上の利益と実際の納税額とを損益計算書の中で合理的に対応させているのです。ここからは**図表4-8**の@〜@を順に紹介しながら，具体的なイメージをお伝えしていきたいと思います。

ⓐ　20X1年に貸倒引当金を新たに計上

　　昨今の景気悪化により売掛金の回収が一層困難になると判断したＡ社は，20X1年に追加の貸倒引当金100を計上しました。会計上は，将来の支出（→貸倒れ）が合理的に見込まれる場合には，それを引当金として今期の費用とすることが認められています。Ａ社はこれに従い20X1年の損益計算書に「貸倒引当金繰入額（費用）」を100計上しました。一方，債務として「確定」しているものしか費用化（"損金算入"といいます）を認めない税法では，回収不能が現実となるまで損金算入ができません（※なお，資本金１億円以下の中小法人，さらには公益法人，協同組合などは貸倒引当金を一定額まで損金算入してよいという特例があります）。

ⓑ　損益計算書上は貸倒引当金繰入額100が費用として差し引かれ，税金等調整前当期純利益は500になりました。これに税率（30％とします）を乗じた150が税額となるはずですが，実際の納税額は税法上の利益600（→"課税所得"といいます）に30％を乗じた180となるので，損益計算書上では利益500と税額180とのつじつまが合っていません（＝税率が30％にならない）。

ⓒ　実際の納税額180は会計上の利益をもとに計算された税額150より30ほど多いため，これを「法人税等調整額」という科目にプラス計上して損益計算書上の利益と税額とのつじつまを合わせます。また貸倒引当金として計上した100については，将来売掛金の回収不能が現実となれば，税法上も損金として費用化が認められます。その可能性がある間はこの30を「繰延税金資産」としてバランスシート上に保持し，回収不能が確定した年の損金算入に備えます。

ⓓ　翌年の20X2年，とうとう貸倒れが現実のものとなり，Ａ社は税の申告時にこの貸倒れ損失100を損金算入しました。

ⓔ 20X2年，実際の納税額は課税所得300に税率（30％とします）を乗じた90
となった一方，20X1年に貸倒引当金を計上済みの損益計算書では利益400と
なり，実際の納税額90とのつじつまが合いません（＝税率が30％にならない）。

ⓕ ここで20X1年から繰延税金資産として保持してきた30を法人税等調整額
に移して，会計上の利益400に対する税額を120とすることで整合させること
ができました（＝税率が30％になった）。

図表4-8 税効果会計と繰延税金資産（A社のケース）

20X1年（貸倒引当金を計上した）

20X2年（実際に貸倒れが発生した）

以上，A社のケースで税効果会計の処理を順に見てきました。20X1年には
会計上の税額より実際は30ほど多く納税したA社でしたが，貸倒れが現実と
なった20X2年にはその30を取り返した格好です。

参考として，もし20X2年に貸し倒れることなく売掛金を回収できた場合は，
20X1年に貸倒引当金繰入額として費用計上した100と同額を，20X2年の損益計
算書上で「貸倒引当金戻入額」として利益計上します。これにより20X2年の
会計上の税額が実際の納税額より30多くなり（＝戻入益100×30％），これで

20X1年の税額の差異（→会計上の税額が実際の納税額より30少なかった）が解消されます。

【コラム：永久差異と一時差異】

　先ほど題材としたＡ社のように，会計上の税額と実際の納税額との差が生まれる要因は様々ありますが，大きくは２つのタイプに分けられます。いずれも会計と税法との解釈や扱いが異なる場合に生じるという点は共通ですが，繰延税金資産の対象となるのはこのうちの１つのタイプについてなので，ここで触れておきます。

　１つ目のタイプは「永久差異」と呼ばれるもので，会計と税法それぞれの見解の溝が永遠に埋まらないケースです。代表例は「交際費」や「寄付金」で，会計上は全額費用化できる一方，税法上は支出が確定しても一部の例外を除いて損金算入が認められていないため，会計上の税額と実際の納税額との差を将来取り返すチャンスはありません。稼ぎをどんどこ交際費に回す企業より堅実に利益を残す企業のほうが納税額が高くなってしまうようでは，公平な税金の徴収という理念が歪められてしまうというのがその理由です。

　もう１つのタイプは「一時差異」と呼ばれるもので，こちらは時間の経過とともに会計と税法の税額差が解消されていくため，繰延税金資産の計上対象になります。先ほどのＡ社を例にした「貸倒引当金」に代表される各種引当金のほか，減価償却費や資産の評価損などが主なものです。引当金や評価損は損失が確定したときに損金算入が可能になります。また会計上と税申告上で資産の償却方法が異なると，１年ごとの減価償却費には差が出ますが，償却総額はどちらも同じなので，償却期間が終わるまでに税額差は解消されていきます。

　最後に大切なことをお伝えしておきます。繰延税金資産は将来の納税額を減らす効果のある財産ですが，資産として保持し続けるには１つ重要な条件があるのです。それは「繰延税金資産で相殺できる十分な額の税額を将来見込めること」です。そのため毎年の決算時に繰延税金資産の利用価値があるかどうかについて，過去の業績や経営環境の動向，企業の納税計画などを精査し，将来十分な課税所得が得られるか監査法人によってチェックが行われます。もし十分な課税所得を見込めないとなった場合には，繰延税金資産は相殺できる額を残して取り崩され，減った額をその年の損益計算書の税額に上乗せします。つまり，繰延税金資産の取り崩しは株主への還元額である当期純利益を減らしてしまうのです。財産だと思っていたものが，ときに大きな損失に姿を変える可能性があることをぜひ覚えておいてください。

効率性分析(2)長期投資の活用度

　ここからは長期投資の活用度を評価・分析するアプローチをご紹介します。評価・分析例として，今回は輸送業界の2社を比較してみました。**図表4-9**は，航空会社A社と鉄道会社B社の固定資産項目の回転率の比較です。2社の回転率を比較しながら，数字の背景なども交えて考察していきたいと思います。

　まず固定資産全体の回転率を見てみましょう。航空A社の0.9回に対して鉄道B社は0.4回となっています。回転率＝1.0回がちょうど年間の売上高と同じ規模の資産を持った状態なので，0.9回なら売上高の1.1倍，0.4回では2.5倍に相当する規模の資産を抱えていることになり，両社にとって資産の効率性向上は重要なテーマであるといえるでしょう。ここから固定資産回転率をツリー状に分解していき，各社がそれぞれどのような資産を多く抱えているかを見ていきたいと思います。まずはより回転率の低い鉄道B社から掘り下げていきましょう。

　再び図表4-9を見てください。固定資産をその構成要素である有形固定資産，無形固定資産，投資その他の資産に分解していったところ，有形固定資産回転率が特に低いことがわかりました。有形固定資産は形のある事業用資産のことです。「鉄道会社」と聞いて，皆さんはどのような資産が頭に浮かぶでしょうか？　有形固定資産の内訳はバランスシートのほか有価証券報告書内の「設備の状況」でも確認できますので，これらを参照しながら有形固定資産回転率を要素分解していったところ，土地（1.4回）と建物・構築物（0.8回）の回転率が目立って低いことがわかりました。これは鉄道網を構成する土地や線路，踏切や信号設備，駅舎などのほか，鉄道事業とのシナジー（相乗）効果を狙って保有されている沿線のショッピング・センターや百貨店，複合施設やホテルなどがその多くを占めていると考えられます。つまり，鉄道網だけでは点と点を結ぶ「線」に過ぎませんが，鉄道網を軸に沿線の不動産を活用することで，「面」としての収益機会に広げていこうとする鉄道会社の戦略がここから

見えてくるように思います。

　一方の航空Ａ社も見てみましょう。Ｂ社に比べて固定資産全体の回転率が高いとはいえ，それでも0.9回と相当に重い数字と映ります。そこでＡ社の固定資産を要素分解していったところ，Ｂ社と同じように有形固定資産回転率が他の２つの資産より低いことがわかりましたが，Ａ社の場合は「航空機（1.4回）」がもっとも低くなっています。鉄道車両に比べて単価が高い航空機材を効率良く稼働させていくことが，Ａ社にとっての最重要テーマと言えそうです。マイレージ・プログラムや○○割などの提供を通じて顧客の囲い込みや早期の予約確保などは，路線の稼働率を維持・向上させるためのソリューションの典型例でしょう。

図表4-9　航空A社と鉄道B社の固定資産の効率性比較

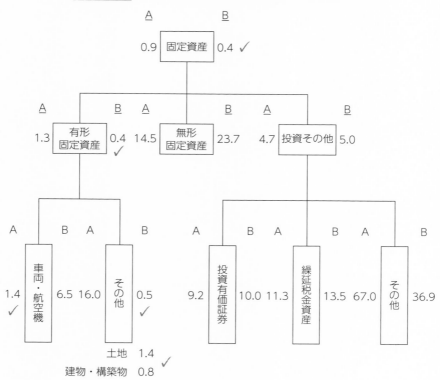

【コラム：リース会計の黒船"IFRS16号"】

　バランスシートを効率化する有効な手段の１つに「リース契約」があります。というのも，日本の会計基準のもとではこれまでリース契約をオペレーティング・リースとファイナンス・リースに区分し，このうちファイナンス・リースについてのみバランスシートに資産計上するルールとなっていたからです。

　ファイナンス・リースとは，⑴リースの中途解約ができず，かつ⑵対象物件の評価額（購入代金のほか，金利，固定資産税，保険料等を含む）の概ね90％以上がリース料総額として支払われるか，またはリース期間が対象物件の耐用年数の概ね75％以上となる契約のことで，対象物件を借金して購入するのとほぼ変わらないような内容といえます。

　一方，ファイナンス・リースに該当しない契約はすべてオペレーティング・リースに区分され，こちらはいわゆるレンタル契約の扱いになります。「レンタル＝借りる」なので資産化はせず，毎月のリース料を支払うごとに損益計算書に「支払リース料」を計上するだけで済むため，これまで多くの企業に活用されてきました。

　ところが，国際財務報告基準（IFRS）や米国会計基準（US GAAP）では，原則すべてのリースについてバランスシートに計上する（オンバランス化）というルールに移行済みで，2019年より我が国でIFRSを適用している上場企業についてもこのルールに従った処理が求められるようになりました。つまり，これまで単なるレンタル契約と認識されていた残価設定型のカーリースや不動産の賃借なども，契約時にその資産価値をバランスシートに計上することになるのです。具体的には，将来支払うリース料総額を現在価値に換算し，これにリース締結時の初期コストを加えた金額になります。この資産は「使用権資産」と呼ばれ，資産計上の翌月から始まる減価償却によって徐々に費用に振り替えられていきます。一方，バランスシートの右側には使用権資産と対応する形で「リース負債」が計上され，こちらも翌月からのリース料支払いによって残高が減っていきます。

　図表4-10を見てください。これは先ほど効率性分析で題材とした航空Ａ社が日本会計基準からIFRSに移行したことで，航空機資産の残高に表れた影響を示しています。日本基準における航空機残高は7,340億円でしたが，IFRSの採用によって所有権資産が614億円追加計上され，航空機残高は7,954億円に膨らみました。日本基準から8.4％の残高増となりますが，開示内容としては航空機資産の利用実態により近付いたと評価できます。財務指標への影響としては，資産増による回転率の低下や負債増による自己資本比率の低下などが想定されますが，これによってお金の支払いが必要になるといっ

た話ではありません。あくまで計算上の影響にとどまるとはいえ，航空A社としては IFRS16号適用後の効率性や安全性の水準を新たな出発点として，事業活動におけるこれら指標の改善に向けた取組みが一段と重要になることは間違いないと思います。

図表4-10 航空A社の航空機残高への影響

	航空A社		
航空機（日本基準）	7,340	億円	
＋ 所有権資産	614	億円	←IFRS16号の影響 （※ほぼ同額をリース負債にも計上）
＝ 航空機（IFRS）	7,954	億円	←残高が8.4％増加

5 のれんとM&A

　無形固定資産には「のれん」という科目が存在します。企業によっては非常に大きな金額が計上されているこの「のれん」，一体どのようなものなのでしょう？

　端的にいうと，のれんは企業がM&Aを行うと発生します。M&Aとは Merger & Acquisitionの略で，「合併と買収」のことを指しています。日本国内では需要低迷の長期化を背景に，様々な業界で競争が激化しています。国内におけるシェア確保のみならず，海外企業を買収して市場参入を図るといったM&A事例も増えています。90年代前半には年間500件程度であった日本企業によるM&Aは，法制度の整備も後押しとなって増加を続け，2020年代には4,000件にまで達しています。これは日本の上場企業数を上回るほどの数で，M&Aは日本企業にとって身近な戦略となりました。また，件数だけでなく1件当たりの金額も拡大しており，バランスシート内での存在感も増しているのです。ではここから，のれんが具体的にどのようなものかについて，A社のケースで説明したいと思います。

　創業から60年，高い技術力と堅実な経営姿勢で安定した成長を築いてきた

中央経済社

玉木昭宏 著

計数感覚スキル入門

ISBN 978-4-502-44301-5

C3034 ¥2200E

定価 2,420円
（本体 2,200円）
税10%

書店 販売促進
調　査　票

中央経済社

玉木昭宏 著

計数感覚スキル入門

※販売資料とするためお送りください。

ISBN 978-4-502-44301-5　C3034　¥2200E

定価 2,420円
（本体 2,200円）
税10%

書名・著者名

メーカーA社には1つの悩みがありました。それは今から5年前，技術力を武器に新規事業分野への参入を試みたものの，得意先の開拓に時間がかかり契約件数の伸び悩みに直面，思い描いたような成果を上げられずにいたのです。

　現在も営業面では苦戦が続いていますが，技術面においては様々なノウハウも貯まり，十分な競争力を持つ製品を開発可能な環境が整ってきました。そんなある日，この業界で長い歴史を誇る同業のメーカーB社が製品の信用問題を起こし，資金繰りに窮しているという話を取引先の銀行から聞きました。B社は多額の補償金を支払わなければならず，取引銀行としても全面的な支援は困難であり，水面下で救済先を探しているのだといいます。A社にはこれまで留保してきた潤沢な資金があり，株主である投資ファンドからはキャッシュの有効活用について再三指摘を受けていました。古くからこの業界に根を張り，強固な営業基盤を持つB社の買収で市場シェアを一気に押し上げ，強固な収益基盤を築くチャンスだとみたA社は，その銀行を通じてB社に接触を図ることにしました。

　数ヵ月間の交渉を通じ，晴れてA社はB社の全株式を200億円で買い受ける契約を結ぶことができました。ここで**図表4-11**を見てください。将来想定されるB社の業績をもとに算定・合意した買収価格は200億円です（※具体的な手法については第8章**1**を参照）。一方，B社のバランスシート上には資産が250億円あり，ここから負債（170億円）を差し引いた残り，ちょうど純資産に相当する80億円がB社の資産価値になります。つまりA社はB社を200億円で買収しましたが，A社が獲得した資産には80億円の価値しかありません。単純な見方をすれば，80億円の価値のものを200億円で買ったようにも見えるこの買収，その差120億円は一体何に支払われたお金なのでしょう？

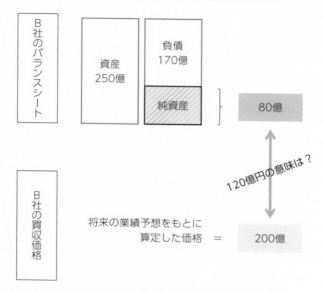

図表4-11 A社が支払った120億円の意味とは

上場企業B社の純資産価値は80億円だが，A社はこれを200億円で買収した。
この差120億円は，はたしてB社の何に付いた値段なのだろうか？

120億円に見合う価値，それはB社の「バランスシートに載っていない財産」
です。実は企業が保有するすべての資産がバランスシートに記録されているわ
けではありません。しかも，現実にはそれらバランスシートに載せない資産の
ほうにこそ，価値の高いものが多く存在しているのです。いくつかの具体例を
あげて説明しましょう。

1つ目は，B社のブランド価値です。ブランドはまさに会社の看板ですが，
その価値を客観的かつ適正に評価することは難しく，会計上は資産計上できな
いルールとなっています。バランスシートには載らずとも，企業の知名度やブ
ランドイメージは，営業面や価格付け，仕入先との交渉力など，幅広い面でプ
ラスになってくれることは間違いありませんから，これは貴重な財産です。

2つ目はB社が持つ技術力やノウハウです。自社独自の技術力やノウハウは
競争優位を築く重要な経営資源の1つですが，その適正な価値を見積もること

が困難なため，バランスシートに計上されません。しかし，たとえばメーカーにとっての高度な技術力や生産ノウハウなどは門外不出の貴重な財産のはずです。

　3つ目はB社の組織や人材の価値です。企業は人なりといいますが，その優秀さや人間性，組織風土などの価値評価は難しく，バランスシートに計上されることはありません。そうはいっても，これまでB社が行ってきた人材育成や組織風土などへの取組みは，B社人材の質や生産性に反映されているはずで，その価値は大いに評価されるべきです。

　4つ目はB社の顧客基盤です。今回のケースでは，A社はB社の営業基盤を高く評価し，買収を決断しました。顧客開拓を自前で一からやろうと思えば，途方もないエネルギーと時間が必要となります。この5年間でA社はその大変さを痛感したことでしょう。A社が誠意に欠けるようなことでもしない限り，B社の顧客は買収後も引き続き取引に応じてくれるはずです。このようにB社の顧客の多くをそのまま引き継げることは大きな財産となりますが，これもまたバランスシートには記録されません。

　ここまで，バランスシートには載らないが企業にとって価値ある資産を見てきました。ブランド力の高い企業のロゴが入っている製品は，ライバル製品より高い価格で販売されるでしょう。また，建物や設備もそこに技術やノウハウが投入されることで，他社に勝る品質や性能を持った製品を生み出す，いわば「稼げる資産」に変わります。先ほどご紹介した4つのオフバランス資産は，バランスシートに載っている資産に大きな付加価値を与える魔法の調味料のようなものなのです。

　ここで図表4-12を見てください。買収した年の決算でA社はB社のバランスシートを連結しますが，資産から負債を差し引いた純資産価値は80億円です。差額の120億円が先ほどあげたオフバランス資産の価値，会計上はこれを「超過収益力」と呼び，A社の無形固定資産に「のれん」という名前で計上されるのです。

　今回の買収によって，A社は120億円の「のれん」を無形固定資産に計上し

ました。B社の強みである営業基盤を活かして大幅なシェアアップの実現を期待したいところですが，最後に留意点もあります。日本の会計ルールではこの「のれん」を20年以内に定額で償却するため，M&Aの翌年から少なくとも毎年6億円（＝120億円÷20年）が販管費に上乗せされることになります。極論すれば，翌年から年間6億円以上の追加利益を出さないといけないわけで，A社にとっては大きなプレッシャーとなることでしょう。さらに，もし十分な成果を出せずにいると，減損会計（※）によりせっかくの「のれん」がバランスシートから消えてしまう可能性があります。M&A後はB社の良さを引き出して，着実に業績を上げていくことが重要です。

（※）　減損会計とは固定資産の収益性が低下し，その投資額を回収する見込みがなくなったときに，資産の残高を減額する会計処理のことです。減額分はその年の特別損失に計上されるため，収益にも影響を与えます。

図表4-12　"のれん"とはなにか？

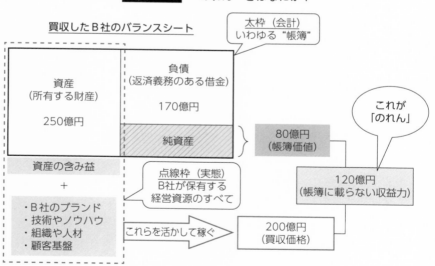

デルが複雑になるということでもあります。ビジネスモデルが複雑になれば，それに対応しようと企業の会計処理もどんどん複雑になっていきます。実はキャッシュフロー計算書はこの複雑な会計処理を紐解き，お金の増減を可視化できる構造になっているのですが，そういわれてもあまりピンと来ないかもしれません。とはいえ，企業活動にとってキャッシュフローは重要であるという認識は皆さんお持ちだと思うので，この機会にキャッシュフロー計算書の存在意義や構造を理解しておきましょう。

　キャッシュフロー計算書の存在意義を理解するために，次の３つの問いかけについて考えてみてください。

問１

　「あなたの会社の業績はいかがですか？」と聞かれたら，どのような数字を思い浮かべながら答えを探しますか？

　これについては売上高や利益を思い浮かべる方が多いと想像しますが，それが正解です。売上や利益が昨年より増えていれば「まあ順調かな」，減っているなら「ちょっと厳しいかな」といった答えになるでしょう。営利を目的に事業活動を行う企業にとっては，特に「利益」が業績評価の一番の尺度になると思います。では，次の問いに移りましょう。

問２

　企業活動の生命線となるものは何だと思いますか？　企業が生きるも倒れるもこれにかかっている，というものを考えてください。

　売上や利益の拡大はいつでも企業の大きな関心事ですが，ときに売上が激減したり，赤字が２年，３年と続くことがあるかもしれません。そのような窮地に立たされたとき，企業は必ず倒産してしまうのでしょうか？
　いえ，そうとも限らないのが現実です。売上高が半分になったり赤字が続い

ても，生き残っている会社はあります。では，企業が倒産するときのパターンを考えてみましょう。景気悪化や信用問題など原因は様々あると思いますが，最終的に倒産の決め手となるのは資金ショート，つまりお金が底をついてしまったときです。仕入先に支払いができなくなる，借入金の返済が滞る，あるいは税金が支払えなくなったら，保有する土地建物や設備，製品在庫や売掛金など事業の要となる資産を債権者や税務当局に取り上げられてしまいます。こうなるともう企業活動は続けられず，会社は終わってしまいます。このような意味で，企業の生命線はやはりお金（キャッシュ）ということになるでしょう。

　では3つ目の問いに移りましょう。

問3

業績とお金との関係を正しく説明できますか？

　業績は大切，お金ももちろん欠かせません。これら2つの数字にはきちんとした関連があるはずですが，いざ説明しろといわれると難しいと感じるでしょうか。

　冒頭で紹介した会計処理の複雑化は，そこで計上された売上高や利益などの業績数字が，実際のお金の流れとかみ合わなくなる原因となります。たとえば，お客様がクレジットカードで商品をお買い上げになったら，売上高は販売時に計上しますが，代金はクレジットカード会社や決済代行会社から早くても数日後，場合によっては翌月の入金ということもあります。さらに企業間の取引ならほぼすべてが「掛け」となり，売上高の計上から1ヵ月以上経って現金を受け取る，このようなことが日常的に様々な場所で起きているのです。こうなると売上高や利益といった業績数字から企業のお金の流れを把握することは難しく，売掛金などバランスシートの要素も絡めて見ていくことが必要になります。

　ここで，キャッシュフロー計算書の登場です。**図表5-2**を見てください。キャッシュフロー計算書は「税金等調整前当期純利益」をスタートに，「現金及び現金同等物の期末残高」をゴールとした作りになっています。業績の最終

結果ともいえる税金等調整前当期純利益を入口に，そこからどのような要因で
お金が増えたり減ったりしたのか，その結果いくらのお金が手元にあるのか，
キャッシュフロー計算書はこの過程を見える化している財務諸表なのです。

3 キャッシュフロー計算書の構造

　ここからはキャッシュフロー計算書の構造について，図表5-2を使って説
明していきたいと思います。なお，本書では日本の会計基準で作成された
キャッシュフロー計算書を題材にしています。米国会計基準や国際会計基準で
は計算書内の表記が異なるほか，その構造にも若干の違いがありますのでご留
意ください。

　まずはキャッシュフロー計算書が3つの大きなセクションに分かれているこ
とからお話ししましょう。①営業活動によるキャッシュフロー（以降「営業
CF」）は事業活動を通じて増えた／減った金額を表しています。損益計算書で
いえば営業利益や経常利益に相当する数字なので，事業活動の成果を測る重要
な数字といえます。続く②投資活動によるキャッシュフロー（以降「投資
CF」）は，事業活動を支える固定資産の購入や売却によるお金の出入りを記録
しています。さらに③財務活動によるキャッシュフロー（以降「財務CF」）で
は，資金の調達や返済，配当金の支払いなどによるお金の出入りが記録されて
います。

図表5-2　キャッシュフロー計算書の構造

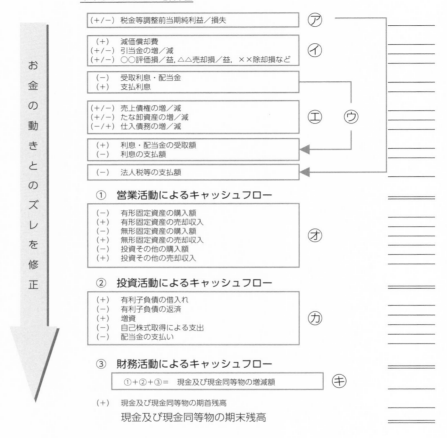

多くの方がキャッシュフロー計算書を難しく感じる理由は，その独特のロジックにあります。しかし，実のところはそれほど複雑なものではありません。ここからはキャッシュフロー計算書の構造とロジックについて，もう少し詳しく見ていきましょう。図表5-2の⑦〜⑨に沿って，順に説明していきます。

　⑦キャッシュフロー計算書のスタート地点は1年を通じた業績の最終結果になります。使う数字は損益計算書の「税金等調整前当期純利益」ですが，なぜ

税金を差し引く前の利益なのでしょうか？

　それは損益計算書に計上される法人税額は「損益計算書の利益に対する税額」であって，この1年間で「実際に納税した額」とは異なるからです。税効果会計と繰延税金資産（第4章❸参照）のところで説明したとおり，納税額は税法に従って計算されるため，損益計算書上の税額とは一致しません。そこでひとまず税引前の利益でスタートしておき，㋐から伸びた矢印の先にある「法人税等の支払額」のところで実際の納税額を差し引くことで，正確なお金の流れ（キャッシュフロー）に一致させているのです。

　㋑続いては，減価償却費や引当金の増減，資産の評価損や除却損，売却損などを加減算している箇所の説明です。実は㋑のグループはすべて「損益計算書に計上されていた収益や費用のうち，お金の動きを伴わないものを逆の符号で元に戻している」のです。これについて，減価償却費を例に説明したいと思います。

　費用であるはずの減価償却費がキャッシュフロー計算書ではプラス，つまりお金を増やす項目として記録されているのを見れば，誰でも最初はとまどうと思います。減価償却費をなぜキャッシュフロー計算書では足し戻すのか，その理由は「費用と収益の期間対応」という損益計算書の原則にあります。この考え方やキャッシュへの影響について，次の例で説明したいと思います。

　図表5-3を見てください。Y社は20X1年の末日に営業車1台を100万円で購入しました。Y社はこれを今後5年間にわたって営業活動に使用する計画です。ではここで，この営業車が20X1年から最終年の20X6年まで，毎年バランスシートや損益計算書にどのような足跡を残していくかを追ってみたいと思います。まずは営業車を購入した時の記録を見てみましょう。バランスシートに有形固定資産として100万円が加えられます。同時に購入代金の支払いによって現金が100万円減少，これで貸借がバランスします。一方でこの営業車はまだ使用開始前なので，損益計算書には何も記録されません。

　購入の翌日にあたる20X2年の初日から，この営業車を使ってせっせと得意先回りを始めました。この営業車を利用する20X6年までの間，たとえ間接的

であれY社の売上高獲得に貢献するのは間違いありません。売上高は損益計算書でいうところの「収益」ですから，これに対応するよう営業車の価値100万円もその後5年間にわたって費用に振り替えていくことになります。これが「費用と収益の期間対応」の原則に従った減価償却の考え方です。ここでは減価償却についての複雑なルール説明を避ける意味から，営業車の価値100万円を5年間均等に20万円ずつ償却する仮定で話を進めます。20X2年以降の会計処理としては，毎年20万円をバランスシートの有形固定資産から減額し，損益計算書に減価償却費として計上するイメージになります。

　購入から1年後の20X2年，減価償却費20万円を損益計算書に計上しました（※参考までに，減価償却費は償却対象が製造設備や工場などなら売上原価へ，今回の営業車のように販売や物流，一般管理に使う資産なら販管費に計上します）。減価償却費に20万円が振り替えられた結果，20X2年末の有形固定資産残高は80となります。一方，購入時に代金100万円は全額支払済みのため，20X2年を通じてキャッシュの動きはありません。

　その後は20X6年までの毎年，損益計算書に減価償却費20万円が計上され，バランスシート上の有形固定資産は20万円ずつ残高を減らしていきます。最終年となる20X6年の末時点で有形固定資産残高はゼロとなり，以上がこの営業車の生涯記録になります。

　ここで図表5-3の点線枠で囲った部分，つまり損益計算書に減価償却費20万円が計上されている期間に注目してください。損益計算書では毎年この20万円を費用として差し引いていますが，キャッシュの動きはありません。減価償却費はあくまで損益計算書の原則に従った会計処理に過ぎず，償却費が発生する都度それを誰かにお金で支払っているわけではないのです。

　ここでキャッシュフロー計算書のスタートとなる「税金等調整前当期純利益」をあらためて見てください。これは損益計算書のほぼ最後にある利益です。ここに至る過程で先ほどの減価償却費はどのように扱われてきたでしょうか？　そう，この利益よりはるか手前の販管費のところで減価償却費20万円が計上されているはずです。お金の支出を伴わない減価償却費が損益計算書上で

はあたかもお金を支払ったように差し引かれているので，このままだとキャッシュの動きと一致しません。お金の動きと同期させるには，毎年の減価償却費20万円を足し戻す処理が必要です。これがキャッシュフロー計算書で減価償却費をプラスで計上する理由です。

図表5-3　減価償却とお金の動き

例）　Y社は20X1年末日に，営業車1台を100万円で購入しました。翌年から5年間にわたり，営業活動に利用する予定です。

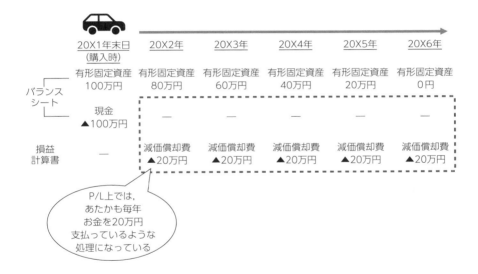

続いて，引当金について説明しましょう。貸倒引当金，退職給付引当金，賞与引当金，修繕引当金など様々ありますが，どれも将来的に発生する費用や損失に対して見積り計上しているだけで，お金の支払いは伴いません。税効果会計と繰延税金資産（第4章❸参照）でも触れたように，会計上は見積もった時点で損益計算書に記録するルールとなっており，税金等調整前当期純利益に至る過程で，すでに費用や損失として差し引かれてしまっています。そこでこれらを逆の符号で元に戻し，キャッシュの動きに一致させているのです。評価損益や除却損についても，これと同様の考え方で調整を行っています。所有す

る資産の価値が上がったら評価益, 下がったら評価損, 資産を除却（廃棄）し
たら除却損をそれぞれ損益計算書に記録しますが, お金の出入りはないのです。

　他方, 資産の売却損益についてはお金の出入りが伴うため, 少し事情が異な
ります。これは固定資産の売却に関連した損益が対象となるのですが, 売却に
よって得たキャッシュは全額が「投資CF」に計上されます。ところが, その
固定資産の売却により生じた利益または損失が損益計算書にも二重計上される
ため, この修正を行う必要があります。

　図表5-4を見てください。今年A社は所有する工場跡地を15億円でB社に
売却しました。バランスシート上の資産残高は12億円あったので, 差額の3億
円を「固定資産売却益」として損益計算書に計上しました。売却益を加えた税
金等調整前当期純利益は33億円となり, これがキャッシュフロー計算書のス
タート地点となります。しかし, 売却によって得たキャッシュの総額（15億
円）は投資CFに記録されており, キャッシュフロー計算書上は売却益（3億
円）が営業CFと投資CFとに二重計上された格好となります。そこで, 営業
CF の中で固定資産売却益3億円をマイナスして元に戻す処理を行っているの
です。

図表5-4　固定資産の売却益は二重計上されている

例)
今年A社は所有する工場跡地をB社に15億円で売却しました。
バランスシート上の資産残高は12億円あったので，差額の3億円を
「固定資産売却益」として損益計算書に計上しました。

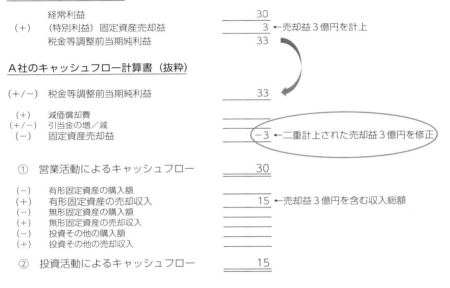

A社の損益計算書（抜粋）

	経常利益	30	
(+)	（特別利益）固定資産売却益	3	←売却益3億円を計上
	税金等調整前当期純利益	33	

A社のキャッシュフロー計算書（抜粋）

(+/−)	税金等調整前当期純利益	33	
(+)	減価償却費		
(+/−)	引当金の増/減		
(−)	固定資産売却益	−3	←二重計上された売却益3億円を修正
①	営業活動によるキャッシュフロー	30	
(−)	有形固定資産の購入額		
(+)	有形固定資産の売却収入	15	←売却益3億円を含む収入総額
(−)	無形固定資産の購入額		
(+)	無形固定資産の売却収入		
(−)	投資その他の購入額		
(+)	投資その他の売却収入		
②	投資活動によるキャッシュフロー	15	

　⑦図表5-2に戻りましょう。続いての注目ポイントは受取利息・配当金，支払利息がそれぞれ符号を変えて2度記録されている点です。これは⑦で説明した法人税額の計上理由と近いものがあります。実は損益計算書に計上された受取利息・配当金，支払利息はそれぞれ未収分や未払分を含んだ金額であり，同じ年度内にキャッシュで受け取った／支払った金額とは異なります。このため，税金等調整前当期純利益から損益計算書の「受取利息・配当金」をマイナス，「支払利息」をプラスすることでいったんなかったことにして，あらためてこの年にお金で受け取った／支払った実額を計上しなおしているのです。
　㋪次のポイントは，売上債権，たな卸資産，仕入債務の増減を記録している

箇所です。これら3つは第4章②で説明した運転資本の3要素で，キャッシュフローには次のような影響を与えますが，バランスシート項目のため税金等調整前当期純利益には含まれていません。そこで，これらの残高が前年末から今年末にかけて増減した金額をキャッシュフロー計算書に追加で記録しているのです。

運転資本3要素の増減がキャッシュフローに与える影響

売上債権残高が増える（減る）とキャッシュは減る（増える）

たな卸資産残高が増える（減る）とキャッシュは減る（増える）

仕入債務残高が増えると（減る）とキャッシュは増える（減る）

　以上の結果が営業CFになります。要は「キャッシュが動くかどうか」を判断軸にして，スタート地点にある税金等調整前当期純利益に修正や追加を入れている，そのようなイメージで理解してください。

　㋔今度は投資CFの中身を見てみましょう。投資CFは固定資産の購入や売却に伴うキャッシュの動きを，有形固定資産，無形固定資産，投資その他の資産のカテゴリーごとに記録しています。購入額はマイナスで，売却額はプラスで計上するだけなので，ここは特に難解な点はないと思います。なお固定資産の評価損や除却損，売却損などについては，先述したとおり営業CF内で修正処理が行われています。

　㋕続いて財務CFセクションを見てみます。ここは資金調達に関連したお金の出入りを記録しています。資金調達の手段は大きく2つあり，1つは有利子負債，もう1つが株式発行（※"増資"といいます）です。有利子負債や株式発行で新たに資金調達した額はプラス計上，反対に有利子負債を返済したら，その分をマイナスで計上します。また，株主への配当金は損益計算書に記録されませんが，キャッシュで支払われるため，財務CFにマイナス値で計上します。いずれも投資CFと同様，お金の出入りに忠実に記録するだけですから，それほど難解ではないと思います。

㋖以上を経て「現金及び現金同等物の増減額」に行き着きます。これは１年を通じたキャッシュの収支であり，損益計算書の当期純利益に相当する数字です。

4 キャッシュフロー計算書の分析的な読み解き方

図表５-５を見てください。キャッシュフロー計算書を手に取って最初に見ていただきたいのが，「着眼点１」に示した「税金等調整前当期純利益」と「現金及び現金同等物の増減額」との比較です。前者は「損益上はいくら儲かった／損した」を，後者は「キャッシュベースではいくら増えた／減った」をそれぞれ表しています。今，仮に税金等調整前当期純利益が10億円の黒字である一方，現金及び現金同等物の増減額はマイナス３億円だったとします。利益が出ているのにお金が減っているのはなぜか，その原因はこの２つの数字の間に必ず見つかります。ここで「着眼点２」に移ります。最初から１つひとつの科目を目で追うのではなく，まずは営業CF，投資CF，財務CFのどこで大きくお金が減っているのかを把握することから始めます。仮に投資CFのマイナス額が大きかったとしたら，「着眼点３」に移って投資CFの各項目を見ていくと体系的に効率よく分析ができると思います。

ここから，お金を減らしているキャッシュフロー項目とその原因について，よく見られる例をお話ししたいと思います。まず，営業CFでお金が減っているときには，お金の出入りを伴わない利益計上が多かった可能性が考えられます。株式などの評価益が典型例です。その株式を売却するまでキャッシュには影響しないため，損益計算書で認識した評価益が営業CF上でマイナス修正されるわけです。売却時に儲かっているかはどうかわからないので，極端にいえば，ぬか喜びに近い感覚でしょうか。別の原因として，運転資本の膨張も考えられます。売上債権の回収期間が長期化する，商品在庫が滞留するなどが典型例です。与信や現金回収の状況，需要予測管理などに問題がないか，現場で確認をしましょう。

　投資CFが目立ってマイナスとなった年には，大きな設備投資や企業買収などが行われたかをまず確認しましょう。設備や買収に投じたキャッシュは将来の営業CFで回収することになりますから，大型投資の目的と活用計画を精査したうえで，その後の営業CFの創出状況を毎年確認することが大切です。また，投資した資産が含まれる固定資産（※設備なら有形固定資産，M&Aならのれんと投資有価証券など）の回転率を毎年確認しましょう。資産が売上に貢献していれば，資産回転率が徐々に上昇していくはずです。ただし，回転率が向上していても減損などで単に資産が消えてしまっているだけの可能性もありますから，損益計算書の特別損失に「減損損失」が計上されていないかもチェックしましょう。

　最後に，財務CFでの減少は有利子負債の返済，配当金の支払い，あるいは自社株購入が主な理由となります。たとえば営業CFがそれなりに出ていて投資CFに大きな支出がない年には，余剰キャッシュを多く手元に置いておくより，有利子負債を積極的に返済したり，自社株購入に充てるなど，資本効率を高める方策に使うといった考えは良いと思います。

図表5-5 キャッシュフロー計算書の分析視点

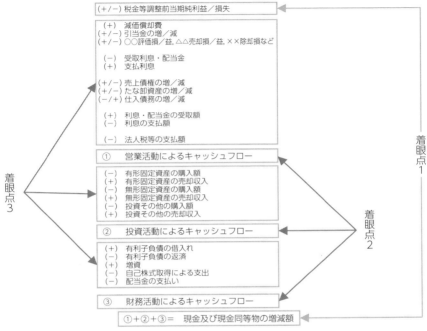

キャッシュフロー計算書

```
            (+/−) 税金等調整前当期純利益／損失                    ←──────┐
                                                                         │
            (+)  減価償却費                                              │
            (+/−) 引当金の増／減                                         │
            (+/−) ○○評価損／益，△△売却損／益，××除却損など              │
                                                                         │
            (−)  受取利息・配当金                                        │
            (+)  支払利息                                                │
                                                                         │
        ┌→ (+/−) 売上債権の増／減                                        │
        │   (+/−) たな卸資産の増／減                                     │着
        │   (−/+) 仕入債務の増／減                                       │眼
        │                                                               │点
        │   (+)  利息・配当金の受取額                                    │1
        │   (−)  利息の支払額                                            │
        │                                                               │
        │   (−)  法人税等の支払額                                        │
        │   ① 営業活動によるキャッシュフロー          ←───────┐        │
        │   (−)  有形固定資産の購入額                           │        │
        │   (+)  有形固定資産の売却収入                         │        │
着    ←─┤   (−)  無形固定資産の購入額                           │        │
眼        (+)  無形固定資産の売却収入                           │着      │
点        (−)  投資その他の購入額                               │眼      │
3         (+)  投資その他の売却収入                             │点      │
        │   ② 投資活動によるキャッシュフロー          ←───────┤2       │
        │   (+)  有利子負債の借入れ                             │        │
        │   (−)  有利子負債の返済                               │        │
        └→ (+)  増資                                            │        │
            (−)  自己株式取得による支出                         │        │
            (−)  配当金の支払い                                 │        │
            ③ 財務活動によるキャッシュフロー          ←───────┘        │
            ①＋②＋③＝  現金及び現金同等物の増減額    ←─────────────────┘

            (+)  現金及び現金同等物の期首残高
                 現金及び現金同等物の期末残高
```

5 財務諸表分析のフレームワーク

　キャッシュフローのサイクルが順調に回っているかどうか，それはキャッシュがよどみなく流れているかということです。入口から出口に向かって勢いよくキャッシュが流れていれば，そのサイクルを何度も回すことで創出されるキャッシュは拡大していきます。投資家はこの点に着目して企業の活動を評価しています。そのためには，どのような数字に注目すればよいのでしょう？

　図表5-6は，キャッシュフローの流れを評価する際に，見るべき4つのポ

イントを示したものです。左から「安全性」,「資産活用」,「収益性」,「資金効率」です。

　まず「安全性」では,借金の返済負担の大小や資産との期間バランスなどを見ています。このバランスがよくないと,借金返済のためにせっかく購入した事業用資産を手放す羽目になるなど,本末転倒な事態に陥るリスクが上昇します（※詳細は第３章❸をご覧ください）。

　２つ目の「資産活用」は,固定資産と売上高との関係を見ることで,ビジネスの舞台がどれだけ効率よく稼ぎに結び付いているかを評価する視点です。せっかくの投資が事業に活かされていない状況は,いわば燃費の悪いクルマのようなものであり,キャッシュフローの流れを滞らせる原因となります（※詳細は第４章❶をご覧ください）。

　３つ目の「収益性」では売上高や損益の状況について,会社全体,事業別,従業員１人当たりなど多角的な視点で評価していきます。さらに業績のブレにつながる特別利益や損失の計上内容については,その内訳を見るなど精査を行います（※詳細は第１章をご覧ください）。

　最後に「資金効率」では,キャッシュ・コンバージョン・サイクル（CCC）を見ることで,稼ぎや儲けがスムーズに現金として手元に戻ってきているかについて評価を行います（※詳細は第４章❷をご覧ください）。

　以上の４つの評価ポイントを見ていけば,キャッシュフローの流れが滞っている場所が見えてきます。そこにこそ会社として取り組むべき課題が潜んでいるはずで,投資家はそれら課題を克服する戦略や計画に注目しているのです。

　またどの程度の期間を対象に分析すれば良いかについては,「５〜６年の推移」を見ることをお勧めします。２〜３年では傾向を把握するには短すぎ,かといって10年,20年の長期では経済情勢や法規制,公共インフラなど,前提となる経営環境が現在と異なる部分も多く,誤解や混乱を招きがちです。さらに,たとえば設備投資を行うとその年の投資CFに全額が一括計上されますが,投資の成果はその後何年かにわたる営業CFに表れるため,２つのキャッシュフローに時間差が生まれます。このような観点からも５〜６年程度のキャッシュ

フローを見ることが有意義だと思います。また，財務分析を行う際には過去5
〜6年分の「有価証券報告書」を用意しましょう。これが手元にあれば，実に
様々な情報が拾えます。次頁の【コラム：有価証券報告書の読み方】にも目を
通してください。

図表5-6　財務諸表分析のフレームワーク

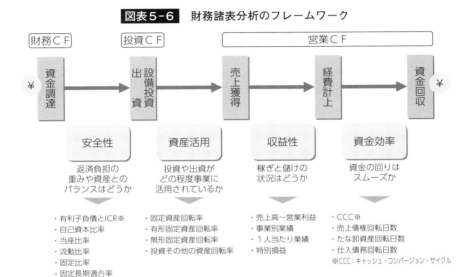

- 有利子負債とICR※
- 自己資本比率
- 当座比率
- 流動比率
- 固定比率
- 固定長期適合率
※ICR：インタレスト・カバレッジ・レシオ

- 固定資産回転率
- 有形固定資産回転率
- 無形固定資産回転率
- 投資その他の資産回転率

- 売上高〜営業利益
- 事業別業績
- 1人当たり業績
- 特別損益

- CCC※
- 売上債権回転日数
- たな卸資産回転日数
- 仕入債務回転日数
※CCC：キャッシュ・コンバージョン・サイクル

【コラム：有価証券報告書の読み方】

　財務諸表分析を行う際に有益な情報を提供してくれる「有価証券報告書」ですが，どこにどのような情報が載っているのかをご紹介したいと思います。企業の状況を読み解くツールとして，有価証券報告書を活用する一助になれば幸いです。

【企業の概況】の章に出ている主な項目

1．沿革

　社屋や工場など大きな設備投資，また，重要な買収や合併など事業投資の実施年度がわかる。

2．事業の内容

　どのような事業を行っているか，事業ごとの主要な製品やサービス，関係会社の役割や親会社との取引関係などを図表で見ることができる。

3．関係会社の状況

　子会社や関連会社それぞれの所在地域と担っている機能や役割，親会社の持分（何％の株式を持っているか）などがわかる。

4．従業員の状況

　グループ全体の従業員数，親会社の従業員数，平均勤続年数，平均年齢，平均年俸がわかる。たとえば，「会社全体の売上高は増えているが，1人当たりの生産性もアップしているのだろうか？」といったことを知るために，売上高を従業員数で割って一人当たり売上高を計算するなどに利用できる。

【事業の状況】の章に出ている項目

1．経営方針，経営環境及び対処すべき課題等

　長期的なミッションやビジョンのほか，それを実現していくための課題や戦略についても言及されており，企業の経営方針や重点施策などを知ることができる。

2．経営者による財政状態，経営成績及びキャッシュフローの状況の分析

　売上高や利益，資産と負債・資本，キャッシュフローの背景がざっくりと説明されているので，前年度に比べて売上高が増えたのはどのような背景からか，投資CFが増えた理由はなにかといった疑問に対して答えを探す材料となる。

3．生産，受注及び販売の状況

　企業の業態などによっては記載がないケースもある。また企業によって開示幅や具体性には差があるが，事業別や製品群別，地域別などの切り口で販売数量や金額を知ることができる。たとえば，「全社の売上高が減少しているが，数量が減っているのか，あるいは販売単価が下がっているのかを知りたい」ときに，売上金額を販売数量で割って販売単価を計算するなどに利用できる。

４．研究開発活動

　事業ごとの研究開発の内容および研究開発費が記載されている。

【設備の状況】の章に出ている項目

１．設備投資等の概要

　事業別や目的別に今年度の設備投資の総額がわかるので，設備投資の積極性を測る材料になる。

２．主要な設備の状況

　主要な事業所や設備について，所在地やタイプ，金額などがわかる。

３．設備の新設，除却等の計画

　今後1年間に総額いくらの設備投資を予定しているかが記述されているので，「設備投資等の概要」と併せて見ることで，設備投資に対する積極性などの判断材料となる。

【提出会社の状況】の章に出ている項目

１．株式等の状況

　発行済み株式総数，株主構成，上位10者の大株主などを知ることができる。

２．自己株式の取得等の状況

　株主還元策にもなる自己株式の取得を実施したかについて，取得した株数とともに記載されている。

３．配当政策

　株主還元策である配当金の支払額について記載されている。

４．コーポレートガバナンスの状況

　役員のプロフィール，役員報酬などを知ることができる。

【経理の状況】の章に出ている項目

１．連結財務諸表等

　企業グループ全体のバランスシート，損益計算書，キャッシュフロー計算書などが開示されている。

（注記事項）

　連結財務諸表の数字の内訳や経緯などを知ることができる。たとえば…

・販管費の主要項目の金額や特別損益の内容（例：減損損失の詳細など）を見ることができる。

・社債明細表＆借入金等明細表：社債と借入金の内訳，元本残高，金利，返済期限などを見られる。

・法定実効税率と税効果適用後の実際の法人税率：その年の税負担が重い・軽いの確認ができ，税率が高い年度はどのような要因で税率が上昇したかも知ることができる。

（事業の種類別セグメント情報）

　事業ごとの括りで売上高，営業利益，総資産，償却費，減損損失計上額といった数字が載っているので，売上高や営業利益を事業単位に分解して，どの事業が収益の柱となっているか，それぞれの事業は拡大／縮小しているのか，あるいは儲かっている／赤字になっているのかなどを知る材料になる。

（所在地別セグメント情報）

　国内や海外など地域ごとの括りで売上高が載っているので，売上高を地域単位に分解して見ることができる。

2．財務諸表

　親会社のみのバランスシート，損益計算書，キャッシュフロー計算書などが開示されている。売上高や利益，資産規模，キャッシュフローなどの数字を対象に，親会社単独の数字と連結財務諸表の数字とを比較することで，子会社の業績貢献を把握する材料になる。たとえば，親会社の利益を100としたときにグループ全体の利益が150出ていたなら，その差50の利益は子会社がもたらしたものである。逆に，親会社が100に対してグループ全体が80であったなら，子会社が赤字に苦しんでいる状況が想像される。この考え方は「連単倍率」（＝連結業績÷単体業績）と呼ばれる。

第2部

ファイナンスを学ぶ

第6章

株主価値，企業価値，フリー・キャッシュフロー

1 アカウンティングとファイナンス，２つの分野

図表6-1は企業経営に必要な数字の世界観を，その主だった構成要素とともに表したものです。この図では経営数字の世界を大きく２つの分野に分けており，１つはアカウンティング（会計），もう１つがコーポレートファイナンス（以降「ファイナンス」），いわゆる企業財務と呼ばれる分野です。この他にタックス（税務）もありますが，繰延税金資産など本書の趣旨に沿った一部の要素のみを採り上げています。

アカウンティングとファイナンス，これら２つの分野は時間軸上の立ち位置に違いがありますので，ここから話を始めましょう。

アカウンティングは，決算数字など主として「過去」の実績を取り扱う分野です。実績ですから，すべての会計数字について会計ソフトの記録や伝票などを辿っていけば，誰がいつ何を材料にどの端末から入力したかということまで確認ができます。

一方，ファイナンスは企業価値の最大化を目的に外部から調達した資金を事業活動に投下，その成果を資金の返済や株主還元に充てる一連のサイクルを意味しています。このサイクルを順調に回し続けるには，資金提供者から見て魅力的な投資先と評価してもらうことが必要で，その代表的な評価指標が「株

価」です。過去の業績や現在どれだけお金を持っているかといった事実はこれ
から株価を動かす直接の材料にはなりません。その企業の業績が今より良くな
ると考える人が多ければ，買い注文が増えて株価は上昇，逆に現在が業績の
ピークだと思う人が多くなれば，株が売られて株価は下落していきます。この
ように，株価は「将来」の期待業績に連動した数字といえ，これを扱うファイ
ナンスもまた将来を向いた分野と位置付けられます。

　ではここから，株価を題材にしてファイナンス分野の枠組みを見ていきたい
と思います。図表6-1の右半分を見ていきましょう。株価のすぐ下に「株主
価値」というものが来ています。株主価値とは「将来期待される株主への還元
総額」を表しており，これを株式数で割れば株価になります。つまり，株主価
値を増やすと株価も上がるというロジックです。上場企業にとって株価は重要
な経営指標ですから，株主価値の継続的な拡大が求められます。では，この株
主価値を増やすにはどうしたらよいのでしょう？

　株主価値は将来の数字なので，これは投資家など株式市場の参加者が世の中
の様々な情報から推定した数字です。そのため，新たに株主価値の増加につな
がる材料が市場に出てこないと，株価はそこで天井を打ってしまいます。ここ
で図表6-1に戻ると，株主価値の下に「企業価値」と書かれた項目がありま
す。企業価値は「将来期待される資金提供者（＝有利子負債の貸し手と株主）
への還元総額」を表しています。有利子負債については利息と元本を期日どお
りに返済すればよいので，新たに有利子負債が増えない限り，企業価値が増え
た分はそのまま株主価値の拡大につながります。つまり，企業価値を拡大すれ
ば株主価値が増え，株価も上がるということのようです。ではこの企業価値を
増やすにはどうすれば良いか，その答えは図の企業価値の下に書かれています。
企業価値も株主価値も「キャッシュ」の稼ぎ高をモノサシに測定します。株価
の継続的な上昇を望むなら，キャッシュの稼ぎ高を増やす計画を立て，実行す
る経営が求められます。これが一般に「キャッシュフロー経営」と呼ばれるも
のです。

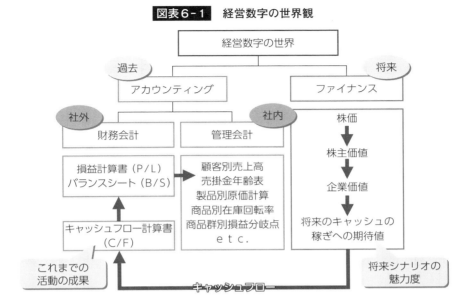

図表6-1　経営数字の世界観

2　企業価値と株主価値

　ここからさらに企業価値や株主価値とキャッシュフローとの関係を読み解いていきたいと思います。**図表6-2**は企業価値や株主価値の構成要素を表したものです。ここには全部で5つの箱がありますが，それぞれの関連も踏まえながら見ていきましょう。

　まず，株価を上げたいなら株主価値を増やすこと，この図でいえば一番右にある株主価値の箱を上に伸ばしていきたいわけです。そこで図の左側へと目を移すと，ちょうど真ん中にある企業価値の箱を有利子負債と株主価値で分け合う構造となっていることがわかります。つまり，企業価値の箱を上に伸ばしていくことと，有利子負債の箱を小さくしていくことで株主価値の箱がぐっと上に伸びそうです。

　今度は企業価値の左に目を向けましょう。企業価値の箱を上に伸ばすには，

　左の２つの箱をそれぞれ伸ばしていけば良いことが想像できます。ただ，よく
見ると左から２番目の箱には「事業外資産」というラベルが貼られています。
これは事業活動に使われない遊休資産などを指しており，そのような資産をた
くさん抱えることには正直疑問を感じます。そう，事業外資産の箱は上に伸ば
していくのではなく，事業での再活用をまず考え，どうしてもそれが叶わない
ときは現金化して事業に再投資するのが正解と考えてください。企業価値を増
やすのは一番左の箱，「今後の事業活動でのキャッシュの稼ぎ」を伸ばすこと
で実現させます。キャッシュの稼ぎが増えれば企業価値の箱が上に伸び，さら
に潤沢なキャッシュで有利子負債の返済も行えますから，企業価値に占める株
主価値の割合も高めることができます。

　以上から，一番左の箱を上に伸ばしていけば，企業価値や株主価値，ひいて
は株価の継続的な上昇につながると考えて良さそうです。そこで，ここからは
この一番左の箱の中身を紐解きながら，理解を深めていきたいと思います。

図表6-2　企業価値と株主価値

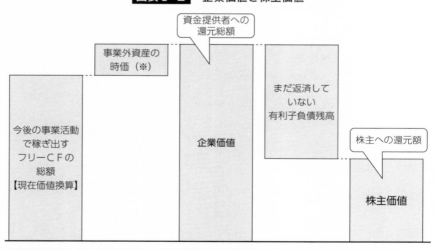

※事業外資産とは，余剰現預金，遊休不動産など事業に直接使われていない資産のこと

　まず目に付くのは「フリーCF」という単語ではないでしょうか？　これは

「フリー・キャッシュフロー（以降「フリーCF」）」を意味していますが，アカウンティングの章でご紹介したキャッシュフロー計算書には出てこなかった名前です。実はこれはファイナンス分野特有のキャッシュフロー項目なのです。キャッシュフロー計算書は営業CF，投資CF，財務CFの３つのセクションで構成されていましたが，ファイナンスの世界では財務CFに代わってフリーCFが登場します。これは企業が営業活動（ビジネス）を通じて稼ぐお金（営業CF）から，その活動の維持に必要な投資（投資CF）を差し引いた残りを表しており，一種の余裕資金のようなものです。このお金は主に資金提供者（※有利子負債の貸し手や株主）への還元に使われます。**図表6-3**のように，フリーCFによる還元策には大きく３つのタイプがあり，これらの中から企業が自由（フリー）に選んで実行できるというのがその名前の由来です。

図表6-3　フリー・キャッシュフローとは

企業が資金提供者（金融機関や株主）に「自由裁量で」還元できるお金です。
フリーCF　＝　営業CF　＋　投資CF
※投資CFは支出（マイナス）なので営業CFに＋するのは差し引くことを意味する。

フリーCFの使いみち（還元策）
1.　有利子負債の返済に充てる
2.　配当金の支払いによる直接還元
3.　自社株購入による株価対策

　ここで，使いみちの３番目については簡単に補足しておきましょう。これは自社の株式を市場から買い戻すことで株価上昇を狙うという還元策です。たとえば国内景気の悪化により目先の業績に陰りが出れば，株価は不安定になります。このようなとき自社の株式をキャッシュで買い戻すことで，市場に出回っている株数を減らし，１株当たりの還元価値を高めるという策が自社株購入です。買い戻した株式はバランスシートの純資産にある「自己株式」という科目

にマイナス値で記録され，発行済み株式総数から差し引かれます。自社株購入については，メリットや留意点などを158頁の【コラム：自社株購入の効果とは】でご紹介していますので，そちらもご覧ください。

　また，フリーCFの構成要素となる営業CF，投資CFの考え方にはアカウンティングのそれと異なる点があるので，ここで触れておきたいと思います。

　図表6-4を見てください。左側に損益計算書（P/L）があり，そこからキャッシュフローの計算につながっています。1つ目の相違点は「営業利益」を起点としてキャッシュフローを算出していることです。会計分野の産物であるキャッシュフロー計算書では「税金等調整前当期純利益」をスタートにしていましたが，ファイナンスではそれより遥か手前の営業利益を使います。これはファイナンスが投資家の視点を尊重していることに由来します。投資家は何に注目しているか，その答えは11頁の【コラム：株主が営業利益を重要視する理由とは】にあります。皆さんが初めて株式投資をするならという設定で説明したのは，「株主は会社のビジネスの成功に最大の関心を寄せている」ということでした。

　このような意味から，企業価値，株主価値を測るフリーCFはビジネスの成果を表す営業利益を起点としているのです。

図表6-4　フリーCFの求め方

P／Lで算出された税引後営業利益（NOPLAT）を起点に，減価償却費の足し戻し，
運転資本および固定資産の増減を足し引きしてフリー・キャッシュフローが求められます。

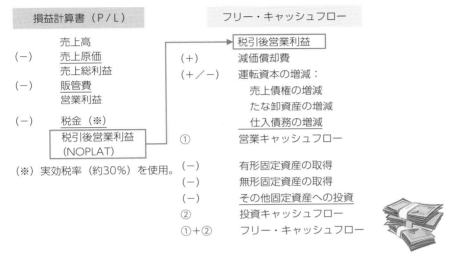

アカウンティングとの相違点2つ目の説明に移りましょう。図表6-4の左
側を見ると，営業利益から直接税金を差し引いていますね。第2章❸でご紹
介した図表2-4を参照しながら，これからの説明を聞いていただけたらと思
います。この図は企業とステークホルダーとの間で利害交換が行われているこ
とを表したものですが，営業利益に到達した時点で企業からの支払義務が残っ
ている相手は3人います。有利子負債の貸し手，国や地方政府，そして株主で
す。フリーCFは企業価値や株主価値という資金提供者への還元額を算定する
材料ですから，資金提供者ではない国や地方政府への帰属分（つまり税金）を
差し引くことで，フリーCFの起点となる利益も資金提供者に帰属する分だけ
に絞り込むわけです。なお，税引後利益は一般的に営業利益から実効税率
（※法人所得に課せられる実質的な税率で約30％）相当額を差し引いたNOPLAT
（<u>N</u>et <u>O</u>perating <u>P</u>rofit <u>L</u>ess <u>A</u>djusted <u>T</u>axes：みなし税引後営業利益）を使い
ます。

　続いて，アカウンティングとの相違点3つ目です。今度は図表6-4の右側
を見てください。税引後営業利益を起点にしてキャッシュフロー計算書と同様，
まずは営業CFを計算しています。ここでは営業利益までの業績を対象として
いるため，営業外収益/費用に計上される利息や配当金，特別損益に計上され
る資産の評価損益や売却益など，利益とキャッシュとの乖離を修正する必要は
なく，減価償却の足し戻しとバランスシート項目である運転資本の増減額の計
上程度で済み，シンプルな見た目になります。投資CFについても事業活動を
維持するために必要な投資額を計上するのみで，キャッシュフロー計算書に比
べれば簡素な内容となります。

3 何年先までのフリーCFを取り込むか？

　フリーCFについての意味合いと算定方法を理解したところで，図表6-2に
戻りましょう。一番左の箱には「今後の事業活動で稼ぎ出すフリーCFの総額」
とありますが，はたして将来何年分のフリーCFをもとに企業価値や株主価値
を算定すれば良いのでしょう？

　企業は自らの事業を継続して行うことを前提に経営や活動を行っています。
これは「ゴーイングコンサーン（継続企業の前提）」と呼ばれ，アカウンティ
ングやファイナンスもこれを前提にして様々な数字を処理しています。このた
め，企業価値や株主価値の算定は「未来永劫にわたるフリーCF」をもとに行
うというのが正解です。

　このように聞いて，とまどう方が多いかもしれません。終わりのない期間に
わたるフリーCFなど，どうやって算定すれば良いのでしょうか？　地道に1
年1年のフリーCFを算定しようと思っても，100年後，1,000年後の事業環境
がどうなっているかの想像は極めて困難で，そのときのフリーCF額など見当
もつかないというのが正直なところです。そこで少し考え方をシンプルにして
みましょう。

「何年くらい先までならフリーCFをそこそこの確度で見積もれそうか？」

　多くの業態では３～５年程度といわれています。仮に10年先までのフリーCFを頑張って見積もったとしても，確度の低いフリーCFを基にした企業価値や株主価値の信頼性も当然低くなるため，あまり意味がありません。このような理由から，企業価値や株主価値の算定時には３～５年分の予想P/L，B/Sから見積もったフリーCFを使います。ただ，これだけでは「未来永劫にわたるフリーCF」にはほど遠いため，次のような前提を置いてその後の期間のフリーCFを一括で見積もります。なお，残り期間のフリーCFの総額は「ターミナルバリュー（末端価値）」と呼ばれます。

　いま仮に５年後までのフリーCFを見積もったとして，６年目以降のフリーCFについては次のように考えます。

「６年目以降のフリーCFを正確に見積もることはできないが，５年目のフリーCF額より多い年も少ない年もあるだろう。ならば，これら増減分も長い目で見れば相殺し合ってゼロと考え，５年目の水準が横ばいに推移すると仮定しておこう。」

　このように，基本線としては６年目以降のフリーCFをゼロ成長とするのがポピュラーですが，将来の物価上昇分として0.1％～１％程度の範囲で成長率を乗せることもあります。６年目以降を横ばいに推移させたゼロ成長のケースは**図表６-５**のようになります。

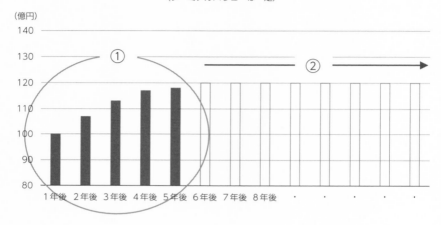

図表6-5 フリーCFの見積りイメージ

①5年後までは毎年の予想P/L，B/Sを材料にフリーCFを算定しました。
②6年目以降の期間はトータルでゼロ成長と仮定し，
　5年目の税引後営業利益と同額のフリーCFが永続するとしています。

予想フリーCF
（ターミナルバリューは一定）

　なお，6年目以降の毎年のフリーCFには5年目の税引後営業利益（NOPLAT）
を使います。その理由は**図表6-6**を見てください。

　①ゼロ成長ということは売上高や仕入高もずっと一定であるということです。
したがって，これに関連した売上債権や在庫量（たな卸資産），仕入債務の残
高も一定ということになり，増減はゼロで推移します。

　②さらに投資CFに計上される固定資産への投資額についても，減価償却費
で減った分だけを補えば稼ぐ力を維持できます。このため減価償却費と投資
CFは同額となり，図のように相殺されゼロとなります。

　③結果，フリーCFは税引後営業利益とイコールとなるのです。

図表6-6　ゼロ成長モデルのフリーCF

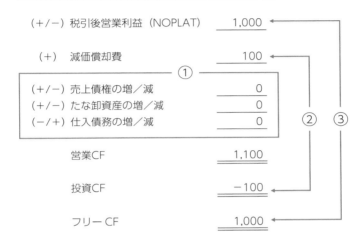

①運転資本は増減なし
②償却による減少分だけを投資
③結果，フリーＣＦと税引後営業利益は同額

（＋/－）税引後営業利益（NOPLAT）	1,000	
（＋）　減価償却費	100	
①		
（＋/－）売上債権の増／減	0	
（＋/－）たな卸資産の増／減	0	
（－/＋）仕入債務の増／減	0	
営業CF	1,100	
投資CF	－100	
フリーCF	1,000	

4　現在価値と将来価値

　最後にもう一度だけ図表6-2を見てください。一番左の箱の最下部に「現在価値換算」と書かれています。「現在価値」とは「将来のキャッシュフローの現時点における価値」のことを指しており，これはお金の価値が時間の経過とともに変化することと関係があります。お金の価値が時間とともに変化するとはどういうことか，世間の物価を考えてみましょう。モノやサービスの価格は，需要と供給のバランスによって常に変動しています。需要が上回るとインフレーション，供給が上回るとデフレーションとなり，インフレ状態の下ではモノやサービスの値段が上がっていくため，時間が経つほどお金の価値は低下していきます。仮に年率１％のインフレなら，今日10,000円で買える商品は来年の今日には10,100円に値上がりしています。見方を変えれば，今日の10,000

円と来年の10,100円のお金の価値（購買力）は同じということになるのです。

　これを踏まえて，将来価値と現在価値の関係を定期預金の例で見ていきたいと思います。まずは「現在価値から将来価値を計算する」観点からお話しします。今あなたが自由に使えるお金として100万円を持っていたとします。ある日，地元の銀行で働く友人があなたを訪ねてきて，「うちの支店が営業強化月間に入ったので，説明だけでも聞いて欲しい。実は今5年ものの定期預金をおすすめしているんだけど，特別キャンペーンとして利息は年1.0％と今時にしてはかなりの好条件だと思う。よかったら，どうかと思って。」と，定期預金を勧めてきました。

　低金利の時代に年率1％とは，かなり魅力的な話です。あなたは早速友人に契約したい旨を伝え，翌日100万円の定期を作りました。定期預金は5年後の今日に満期を迎えます。その間，毎年の利息は元本に組み入れられ，**図表6-7**のように複利で増えていきます。そして5年後の満期時には元金と利息合わせて1,0501,010円を受け取ることができます。これが現在の価値100万円を金利1％で運用したときの「5年後の将来価値」となります。

図表6-7　　年利1％の定期預金の将来価値

今100万円を金利1％の定期預金に5年間預けたとすると，
以下のように将来受け取れるお金が増えていきます。

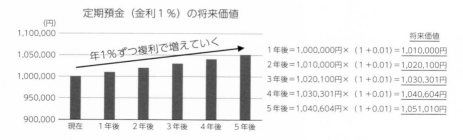

定期預金（金利1％）の将来価値

　今度は「将来価値から現在価値を計算する」観点を説明します。Aさんは現在大手電機メーカーに勤めていますが，実は5年後の20X5年にこの電機メーカーを辞め，独立したいと考えています。Aさんはまだ30歳と若いので，5年

後の退職金はあまり期待できません。そこで今から５年後に向けて独立資金を
貯めていこうと考えました。毎年の誕生日に１つずつ定期預金を作り，20X5
年の誕生日にそれらすべての定期預金が100万円で満期を迎えるという計画で
す。とりあえず今年20X0年の誕生日に１本目の定期預金を作りたいと思うの
ですが，いくら預けたら良いでしょうか？　利率は年１％とします。

　図表6-8を見てください。これは20X5年に100万円で満期を迎えるために，
各年度にいくら預けたら良いかを示したものです。20X5年の100万円が将来価
値で，これを年数分の金利（１％）で割り算すると，各年度に預け入れるべき
額（現在価値）が求まります。初回となる20X0年の誕生日には951,466円の定
期を組めば，５年間の複利運用を経て，20X5年の誕生日に1,000,000円を受け
取れます。これを「５年後の将来価値100万円を金利１％で現在価値に割り引
いた」と表現します。翌年以降については，図のように20X1年には960,980円
を20X2年には970,590円，20X3年には980,296円，そして最終年の20X4年に
990,099円を預け入れれば，すべて20X5年の誕生日に100万円として受け取れる
計算になります。

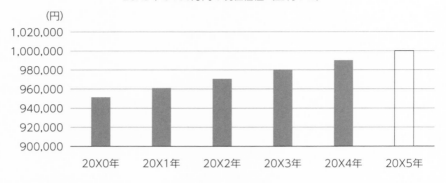

図表6-8　将来価値から現在価値へ

20X5年の100万円の現在価値（金利1％）

預け入れの年	20X0年	20X1年	20X2年	20X3年	20X4年	20X5年
満期額（将来価値）	1,000,000	1,000,000	1,000,000	1,000,000	1,000,000	1,000,000
預入額（現在価値）	=1,000,000÷(1+0.01)^5	=1,000,000÷(1+0.01)^4	=1,000,000÷(1+0.01)^3	=1,000,000÷(1+0.01)^2	=1,000,000÷(1+0.01)^1	
	951,466	960,980	970,590	980,296	990,099	1,000,000

現在価値＝将来価値÷（1＋金利）^年数
（※）＾は累乗を表している

5 利回りとリスクの関係

　お金には様々な運用機会があり，今回例にあげた定期預金もその1つです。ほかにも普通預金や公社債，株式などがありますが，それぞれの利回りには差があります。運用先によって利回りが異なる理由は，ずばりリスクの大きさが異なるからです。いつでも解約できる普通預金より定期預金の利回りのほうが一般的に高いのは，預金者がより長い間お金を預け続ける制約，すなわち時間リスクが大きいからです。また，借り手が安定した収入のない個人であったとしたら，期日どおりに返済してもらえるかは非常に不透明なので，相当に利回りが高くなければ貸付けはできません。しかし借り手の親御さんが資産家で，その借金の保証人になってくれたとしたら，不安はほとんどなくなり，貸出金利もぐっと低くなるでしょう。これは借り手の信用リスクの大小に応じた利回

りの変化です。ここでリスクの大小と利回りの変化について，日本国債と上場
企業株式との比較を例にもう少し詳しく見ていきたいと思います。

　今，手持ちの100万円を以下のいずれかの金融商品に投資して1年間運用し
たいと思います。それぞれの特徴は以下のとおりです。

日本国債

特徴1：元本割れのリスクがない

特徴2：利息もほぼ確実に支払われる

上場企業が発行する株式

特徴1：株価下落による損失の可能性がある

特徴2：配当は業績次第

　仮にどちらの金融商品も利回りが年1％だったとしたら，どうなるでしょう
か？　誰もがリスクの少ない国債を選び，上場企業の株式にはまったく買い手
が付かないという状況が想像されます。上場企業も活動のための資金が必要で
すから，なんとかして国債と同等以上の魅力を自社の株式に付加しなければな
りません。国債に比べて株式はリスクが高いと見られているので，それに見合
うよう配当など株主還元の割合を年2％→3％と上昇させていったところ，
5％のところでようやく買い手がつきました。これは，この株式への投資リス
クに見合った利回りは年5％という意味合いになります。この結果，株式に対
する1年後の将来価値は100万円×（1＋0.05）＝105万円となり，国債の将来
価値101万円よりずいぶんと高くなりますが，リスクとリターンのバランスか
ら見た投資としての魅力度は両者互角の状態といえます。

図表6-9　割引率はリスクに応じて変動する

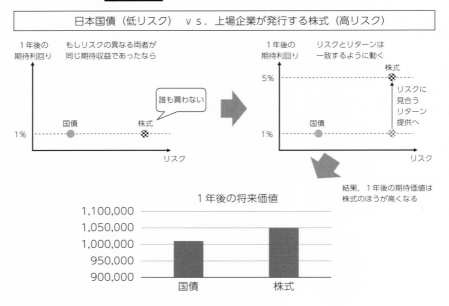

6 CAPM理論とは？

　先ほどの例では上場企業株式の利回りを5.0％と仮置きしましたが，明確な利率の表記がない株式の利回りは一体何％が正解なのでしょう？　これを明らかにするにはCAPM（キャップエム）という理論を使う必要があります。「理論」と聞いていきなりハードルが高くなったように感じるかもしれませんが，心配はいりません。この理論は誰もが生まれながらにして持っている自然な「感覚」のようなものです。その証拠に，これから私が出す質問に答えてみてください。

質問

　あなたが知人から「リスクはほぼゼロで１年後には元手が２倍になって戻っ

てくる」という投資話を持ちかけられたら，どう思いますか？

　直感的に「？」と思うことでしょう。そのような美味い話があるはずもなく，これは怪しいと感じるはずです。CAPMとはCapital Asset Pricing Modelの略で，「資産（株式）に期待する利回りはその資産が持つリスクに応じて決まる」という考え方のことです。これをかみ砕くと，ローリスクならローリターン，ハイリスクならハイリターンという誰もが心地よく感じる自然な感覚に通じます。なお，CAPM理論は市場に流通している株式を対象としたアプローチなので，いわゆる「上場企業」の株主が期待する利回りを推計する際に使われます。株式を上場していない企業（非上場企業）の場合は別の手法を使って株主価値や株価の算定を行いますので，詳細については第8章をお読みください。

　ではここから，CAPM理論を使って株主の期待利回りを算出する手法を説明していきます。アプローチの概要としては，その企業の株式に関連したリスク要因を明らかにして，それに見合うリターン（利回り）を推計するという流れになります。まずは株式が持つリスクを見極めることから始めましょう。これには2段階のステップがあります。第1は「株式市場そのものが持つリスク」の見極めです。ご存じのように株式市場は日々相場が変動しており，これをTOPIX（東証株価指数）や日経平均（市場を代表する225銘柄を対象とした平均相場）といった株価指数を用いて，昨日よりいくら上がった・下がったとニュースで報じられます。1ヵ月かけて500円上昇した相場が，翌週にかけて1,000円下落するということも珍しくないことから，株式投資に関わるリスクは非常に高いことが想像できます。

　続いて第2は個々の株式銘柄に付随するリスクの存在です。これは特定の企業の株式を買う際には，その業界や企業が独自に抱えるリスクを引き受けることになるという意味です。食品業界には不動産業界とは違うリスクがあるでしょうし，食品業界の中でも企業によってリスクのタイプやその大小は異なるはずです。このように，個々の企業の株式にはいくつものリスクが存在しており，それらリスクに見合うリターン（＋αの利回り）を明らかにしていくこと

で株主の期待利回りを推計することができます。以下，具体的な手順を見ていきましょう。

手順1：リスク・フリー・レートの設定

　スタートは「リスクのない投資に対する利回り」を見積もることからです。ここに株式市場や業界，企業のリスクに見合う利回りを積み上げていきます。ところで，「リスクのない投資」とはどのようなものか想像がつくでしょうか？

　厳密にいえば，リスクのない投資はこの世に存在しません。預金はもちろんのこと，国債も信用格付けによるランク付けがあり，デフォルト（債務不履行）のリスクはゼロではありません。ファイナンスの世界もこの点はわかっていて，リスク＝ゼロではなく「リスクの最も小さい投資」と読み替えて運用しています。では，最小リスクの投資とは何でしょうか？　答えは「長期国債」です。先述のように格付けによるリスクはあるものの，日本国債は過去一度もデフォルトしたことがなく，その利回りはある意味「誰もがリスクなしで受け取れるリターン」と解釈することができます。これを「リスク・フリー・レート」と呼び，発行の歴史が長く過去データが豊富な「10年国債」の利回りを使うのが一般的です。一方で，リスク・フリー・レートを何％とするかについては特に決まりがなく，金融機関や企業によってばらつきが見られますが，過去10年〜20年程度の平均値をとって「0.3％〜0.7％」の数値を使うケースが多く見られるようです。なお，本書では中間値の0.5％を使用しています。

手順2：マーケット・リスクプレミアムを追加

　利回り算定のスタート地点が明確になったところで，これに加味する1つ目のリスク要因，「株式市場が抱えるリスク」の説明に移りましょう。まず株式市場のリスクとは，市場全体の相場変動によるリスクを指しています。「株式投資をしよう」と思った瞬間，どの銘柄を購入するかを決めるより以前にこのリスクと向き合うことになります。過去を振り返れば明らかなように，株式市場の平均相場は上下動を繰り返しながら推移してきました。上昇基調だった株

価がある日突然下落するなど，国債には見られないリスク要因であり，このリスクに見合う利回り（※マーケット・リスクプレミアムと呼びます）を付加しないと誰も株式投資に目を向けてくれません。この利回りが何％くらいあれば見合うのかについては，次のようなアプローチで推計します。

図表6-10　マーケット・リスクプレミアムとは

> 株式市場全体の相場変動リスクに見合うリターン（利回り）のことです。
> 算定方法としては，過去10～20年程度のTOPIXまたは日経平均株価と
> 10年国債の利回り差を使うなどがあり，結果は5％台前半から6％台後半になります。
>
> 【算定式】
> マーケット・リスクプレミアム ＝ 株式市場の平均利回り － リスク・フリー・レート

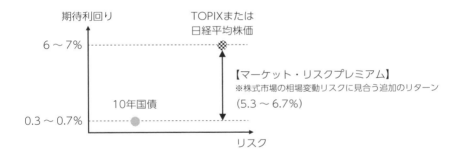

株式市場の平均利回りには「TOPIX（東証株価指数）」または「日経平均株価」の実績値を使うのが一般的です。なお，どの程度の期間の平均をとるかについて特に厳密なルールはありませんが，リスク・フリー・レートの算定と足並みを揃え，過去10～20年程度の平均を使用すると良いと考えます。1つの参考値ではありますが，**図表6-10**のようにTOPIXまたは日経平均株価の過去の平均利回りが6～7％あり，ここから10年国債の平均利回り0.3～0.7％を差し引くことで，マーケット・リスクプレミアムは5.3～6.7％となります。これに倣って本書では6％を使っています。なお，マーケット・リスクプレミアムは企業を問わず同じ数値を使えるので，個別に計算する必要はありません。

手順3：個別銘柄のリスクプレミアム（β値）を加味

　続いて，2つ目のリスク要因「個々の株式銘柄に付随するリスク」です。こちらは企業ごとに異なるため，都度の見積りが必要になります。とはいっても複雑な手続きが必要ということはなく，「β（ベータ）値」という指標を使って推計できます。β値とは「市場平均と比べてどのくらい株価の振れ幅が大きいかを表す指標」のことです。市場平均にはTOPIXや日経平均の推移（※過去2〜3年間程度）を使い，これが基準値である「1.0」になります。同じ期間の株価が市場平均より大きく上下した企業のβ値は1.0を上回り，市場より上下幅が少ない場合は1.0を下回ります。あくまで株式の中での比較になりますが，βが1.0を超える銘柄は「ハイリスク・ハイリターン型」，1.0を下回る銘柄は「ローリスク・ローリターン型」とみることができます。ちなみにβ値は金融用の情報端末（ブルームバーグ等）や東証のサイトなどで有料検索できるほか，ネット上で無料検索できるサイトもあります。

図表6-11　β（ベータ）値について

株式市場全体の価格変動と比較して，その企業の株価変動の大きさを表す指標

株価変動の市場平均：　β＝1.0

※株価の変動を見るためには，過去2〜3年程度の期間を取ります。
　β値は金融用の情報端末（ブルームバーグ等）や東証のサイトなどで有料検索できるほか，ネットで無料公開しているサイトもあります。

一般的に，
β＞1.0のケース：　ハイリスク・ハイリターン型
β＜1.0のケース：　ローリスク・ローリターン型

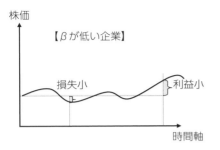

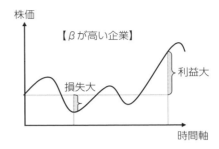

　以上で株主の期待利回りを算出するための材料がすべて揃いました。これら
を**図表6-12**の算出式に入れて計算すれば，株主期待利回りを求められます。

図表6-12　**CAPM理論による株主期待利回りの算出式**

株主期待利回り ＝ （マーケット・リスクプレミアム×β値）＋リスク・フリー・レート
　　　　　　　 ＝ （6％×β値）＋0.5％

（注）マーケット・リスクプレミアムは5.3～6.7％程度，リスク・フリー・レートは0.3
　　　～0.7％程度が一般的な水準のため，それぞれ中間値近くを使って計算しています。

仮にβ値＝0.8の株式なら…
株主期待利回り ＝ （6％×0.8）＋0.5％
　　　　　　　 ＝5.3％
これがβ値＝1.5の株式になると…
株主期待利回り ＝ （6％×1.5）＋0.5％
　　　　　　　 ＝9.5％

 # 資本コスト（WACC）とは？

　ここまで，株主の期待利回りは国債などに比べて非常に高い水準にあること，
また株主期待利回りは株価変動の大きさ（β値）に左右されることを見てきま
した。ただ，企業は株主からの出資だけで活動資金をまかなっているわけでは

ありません。金融機関からの借入れや社債などを通じても資金を調達しています。企業が外部から調達した資金全体にかかる金利相当のことを「資本コスト」または「WACC（ワック）」と呼びます。そしてこのWACCこそ，企業が稼ぐ将来キャッシュフローの割引率に使用される重要な数字なのです。

　ではまずWACCの算出式を見てみましょう。**図表6-13**のようにWACCは2つの分数の足し算で求められます。上の分数は有利子負債の利回り，下の分数は株式に対する利回りをそれぞれ計算しています。分母は調達した資金の総額（※これを投下資本といいます）で，それぞれの分子の大きさによって加重平均される構造になっています。なお，WACCの正式名称は「Weighted Average Cost of Capital」，日本語訳すると「加重平均資本コスト」になります。

図表6-13　WACCの計算式

$$\frac{\text{有利子負債の時価} \times \{ \text{利子率} \times (1 - \text{実効税率}) \}}{\text{有利子負債の時価} + \text{株式時価総額}}$$

有利子負債の利回り計算

分母は調達資金の時価（時価投下資本という）

$$+$$

$$\frac{\text{株式時価総額} \times \text{株主期待利回り}}{\text{有利子負債の時価} + \text{株式時価総額}}$$

株式の利回り計算

$$=$$

（加重平均）資本コスト

(Weighted Average Cost of Capital)

　図には「有利子負債の時価」という表現が何ヵ所かありますが，実務上はバランスシートに計上されている「簿価」を使って問題ありません。また負債の「利子率」は損益計算書の営業外費用に計上されている「支払利息額」を，バランスシート上の有利子負債残高の合計額で割って求めます（※有利子負債に

該当する科目については第3章**4**を参照）。ところで，この利子率に「1－実効税率」を掛け算しているのにはどういった意図があるか，想像がつきますか？　実はこれ「タックスシールド」と呼ばれる節税効果を表しています。有利子負債にかかる金利は税金の申告時にいわゆる"必要経費"として認められ，損金算入ができるのです。

　図表6-14を見てください。A社とB社は今年度の法人税の申告書を作成中です。調達した資金にかかる金利相当分の計上だけを残した状態で，両社とも所得額は100でした。また，金利相当額も10と同額ですが，唯一の違いは資金をどこから調達したかです。A社は金融機関から借入れを行っており，一方のB社は全額株主から調達しています。では，ここから各社の納税額と手元に残る額を計算していきます。A社は金融機関に10の利息を支払いますが，これは有利子負債にかかる利息なので，損金算入つまり所得から差し引くことができます。一方，B社の金利相当額10は株主への配当金として支払われるため，これは税務上損金算入ができません。結果，A社は課税所得が90となり，これに対して税金（※税率30％とします）27を納めます。B社は課税所得が100で，納税額は30となります。納税後の残金はB社が70とA社の63より多いように見えますが，ここから配当金10を株主に支払うため，最終的に手元に残るのはA社が63，B社が60となります。

図表6-14　タックスシールドとは

タックスシールドとは損金算入した費用による節税効果を指す用語です。

A社とB社は今年度の税金の申告書を作成中です。資金調達にかかる金利相当分の計算以外はすでに終え，その所得額は両社とも100でした。
また，調達した資金の金利相当額も両社10と同額です。

なお，A社は金融機関からの借り入れ，一方のB社は株主から調達しています。

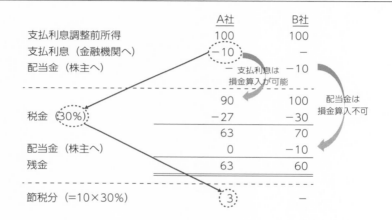

	A社	B社
支払利息調整前所得	100	100
支払利息（金融機関へ）	−10	−
配当金（株主へ）	−	−10
	90	100
税金（30%）	−27	−30
	63	70
配当金（株主へ）	0	−10
残金	63	60
節税分（=10×30%）	3	−

　A社の手元にはB社より3多く残りましたが，これはA社が金融機関に支払った金利10のうち，税当局が税金相当分（30%）を補助してくれたような意味合いのものです。これをタックスシールド効果といい，WACCの計算にも反映されています。

　再び図表6-13を見てください。真ん中にある分数は株式に対する利回りを計算しています。この分数の中にある「株主期待利回り」には先ほどご紹介したCAPM理論によって算出した株主期待利回りを使用します。

　最後に復習を兼ねてWACCを求めてみましょう。**図表6-15**にあるA社の例を参考に，B社のWACCを算定してみてください。

図表6-15 WACCの算定

【問題】B社のWACCを求めてみましょう

	A社		B社	
①株価	600	円	1,000	円
②発行済み株式総数	2,000	万株	2,000	万株
③株式時価総額	120	億円		億円
＝①×②				
④有利子負債残高	120	億円	80	億円
⑤投下資本	240	億円		億円
＝③＋④				
⑥リスク・フリー・レート	0.5	％	0.5	％
⑦マーケット・リスクプレミアム	6.0	％	6.0	％
⑧β値	0.8		1.2	
⑨株主期待利回り	5.3	％		％
＝⑥＋（⑦×⑧）				
⑩有利子負債利子率	1.0	％	1.0	％
⑪実効税率	30.0	％	30.0	％
⑫税引後有利子負債利子率	0.7	％		％
＝⑩×（1－⑪）				

WACC（資本コスト）
＝ {(③×⑨÷⑤) ＋ (④×⑫÷⑤)} ×100 　$\boxed{3.0}$ ％ 　$\boxed{}$ ％

図表6-16 WACC算定例

	A社		B社	
①株価	600	円	1,000	円
②発行済み株式総数	2,000	万株	2,000	万株
③株式時価総額	120	億円	200	億円
＝①×②÷10,000				
④有利子負債残高	120	億円	80	億円
⑤投下資本	240	億円	280	億円
＝③+④				
⑥リスク・フリー・レート	0.5	%	0.5	%
⑦マーケット・リスクプレミアム	6.0	%	6.0	%
⑧β値	0.8		1.2	
⑨株主期待利回り	5.3	%	7.7	%
＝⑥+（⑦×⑧）				
⑩有利子負債利子率	1.0	%	1.0	%
⑪実効税率	30.0	%	30.0	%
⑫税引後有利子負債利子率	0.7	%	0.7	%
＝⑩×（1−⑪）				

WACC（資本コスト）
＝ ｛(③×⑨÷⑤) + (④×⑫÷⑤)｝ ×100 　3.0 % 　5.7 %

第7章

投資案件を評価する
アプローチ

　ここからは現在価値や将来価値，WACCなどを利用した投資案件の評価手法をご紹介したいと思います。投資案件には設備投資のほか，企業への出資やプロジェクト投資など様々なものがありますが，それらを評価する際に利用できる手法です。代表的なものは3つあり，それらを組み合わせて使うことで比較的簡便に的確な評価を行えます。

1 回収期間法

　最初は「回収期間法」です。これはペイバックピリオド法とも呼ばれ，投資が回収されるまでの期間の長短を「将来価値」ベースで評価します。これを聞いてすでにおわかりのとおり，計算自体が簡単であることはメリットですが，投資と回収には時間差があるため，お金の時間価値を反映していない回収期間法の数字の精度はその分低いという点がデメリットといえます。このようなことから，WACCで現在価値に割り引いた回収額を使う「割引回収期間法」という応用モデルも存在します。この後にご紹介するNPVと併せて利用されることが多いので，そこでご紹介したいと思います。では回収期間法について，**図表7-1**に示した4つの案件の比較評価の例で見ていきましょう。

　A社は東京，神奈川，埼玉，大阪に営業所を構えています。今，各営業所から1件ずつの投資案件を提案されており，これら投資案件各々について投資額

を何年目に回収できるか比較することにしました。

図表7-1　回収期間法による評価例

	現在	1年後	2年後	3年後	4年後	5年後
	投資	回収 —————————————————→				
東京	−3,000	400	800	1,600	800	400
神奈川	−3,000	2,000	1,200	500	300	0
埼玉	−3,000	0	300	500	1,200	2,000
大阪	−3,000	800	800	800	800	800

	現在	1年後	2年後	3年後	4年後	5年後	回収期間
	投資	回収（累計額）—————————————→					
東京	−3,000	400	1,200	2,800	2位 3,600	4,000	＝3年＋（（3,000−2,800）/800） ＝3.25年
神奈川	−3,000	2,000	1位 3,200	3,700	4,000	4,000	＝1年＋（（3,000−2,000）/1,200） ＝1.83年
埼玉	−3,000	0	300	800	2,000	4位 4,000	＝4年＋（（3,000−2,000）/2,000） ＝4.50年
大阪	−3,000	800	1,600	2,400	3位 3,200	4,000	＝3年＋（（3,000−2,400）/800） ＝3.75年

　図の下段のように，案件ごとに回収額の累計を見ていくことで，投資額3,000を回収できる年がわかります。先になるほど事業環境の予測が難しくなり，回収リスクは高くなります。この図ではざっくりと１年単位で見ていますが，実際には下段の「回収期間」の欄のような計算を行って小数点単位の回収期間を求め，比較と評価を行います。４つの投資案の結果は，わずか1.83年で3,000を回収できる神奈川案を筆頭に，3.25年の東京が次点，さらに3.75年の大阪が続き，4.50年の埼玉がもっとも低い評価となります。

2 正味現在価値（NPV）

　続いて，２つ目の手法「NPV」をご紹介しましょう。NPVとはNet Present Valueの頭文字を取ったもので，日本では「正味現在価値」と呼ばれます。回

収期間法では回収額を将来価値で評価しましたが，NPVはこれを現在価値に換算して評価するので，より実態に即したアプローチといえるでしょう。評価の観点としては，まず回収額の合計が投資額を上回っている状態，すなわちNPVがプラスの値であることが必要です。そのうえでプラスの大きい投資案件ほどうまみがあるという評価になります。そこで，NPVについても先ほどのＡ社のケースを使って見ていきましょう。**図表7-2**のように，今回Ａ社はこれら投資案各々についてNPVを用いた投資評価を行おうとしています。現在価値への割引率は8％とし，各案のNPVを算出してみます。なお，将来価値から現在価値への換算についての詳細は第6章 **4** をご覧ください。

図表7-2 NPVによる評価例

	現在	1年後	2年後	3年後	4年後	5年後
	投資	回収 ─────────────────────────────➤				
東京	−3,000	400	800	1,600	800	400
神奈川	−3,000	2,000	1,200	500	300	0
埼玉	−3,000	0	300	500	1,200	2,000
大阪	−3,000	800	800	800	800	800

各年度の回収額を現在価値に換算

	現在	1年後	2年後	3年後	4年後	5年後
	投資	回収 ─────────────────────────────➤				
東京	−3,000	=400÷(1+0.08)^1 =370	=800÷(1+0.08)^2 =686	=1,600÷(1+0.08)^3 =1,270	=800÷(1+0.08)^4 =588	=400÷(1+0.08)^5 =272
神奈川	−3,000	=2,000÷(1+0.08)^1 =1,852	=1,200÷(1+0.08)^2 =1,029	=500÷(1+0.08)^3 =397	=300÷(1+0.08)^4 =221	0
埼玉	−3,000	0	=300÷(1+0.08)^2 =257	=500÷(1+0.08)^3 =397	=1,200÷(1+0.08)^4 =882	=2,000÷(1+0.08)^5 =1,361
大阪	−3,000	=800÷(1+0.08)^1 =741	=800÷(1+0.08)^2 =686	=800÷(1+0.08)^3 =635	=800÷(1+0.08)^4 =588	=800÷(1+0.08)^5 =544

割引率＝　8.0%

現在価値の回収額を累計した5年後の額から投資額3,000を差し引いてNPVに

	現在	1年後	2年後	3年後	4年後	5年後	NPV	
	投資	回収（累計額）─────────────────────────➤						
東京	−3,000	370	1,056	2,326	2,914	3,186	3位	186
神奈川	−3,000	1,852	2,881	3,278	3,499	3,499	1位	499
埼玉	−3,000	0	257	654	1,536	2,897	×	−103
大阪	−3,000	741	1,427	2,062	2,650	3,194	2位	194

割引率＝　8.0%

　結果は図の一番下の段のようになりました。実は一番上の段の将来価値ベースの回収総額はどの営業所も5年間で4,000と同じ水準だったのですが，現在価値に換算すると年度による回収額の違いが明暗を分ける結果となったようで

す。神奈川のNPVがもっとも大きく499, 次いで大阪の194, 僅差で続く東京の186となりました。埼玉はマイナス値なので, この時点でアウトとなります。このように, 割引が効きにくい早めのタイミングでより多く回収できる案が有利だとわかります。

　ここで,「割引回収期間法」を用いた各案の評価もしてみましょう。**図表7-3**に示したように, 神奈川は2.30年で投資額3,000を回収できました。東京と大阪もなんとか5年以内での回収が叶いましたが, 一方で埼玉は最終年度の5年後でもまだ3,000に届いていないため, 赤字プロジェクトという評価となってしまいます。将来価値をベースとした回収期間法の結果では埼玉も4.50年で回収できていましたが, 現在価値に置き換えると結果が変わってきています。

図表7-3　割引回収期間法による評価

	現在	1年後	2年後	3年後	4年後	5年後	回収期間
	投資	回収（累計額）				→	
東京	−3,000	370	1,056	2,326	2,914	2位 3,186	＝4年＋((3,000−2,914)/272) ＝4.32年
神奈川	−3,000	1,852	2,881	1位 3,278	3,499	3,499	＝2年＋((3,000−2,881)/397) ＝2.30年
埼玉	−3,000	0	257	654	1,536	2,897	
大阪	−3,000	741	1,427	2,062	2,650	3位 3,194	＝4年＋((3,000−2,650)/544) ＝4.64年

割引率＝　8.0%

3 内部収益率（IRR）

　では3つ目の手法「IRR」の説明に移ります。IRRとはInternal Rate of Returnの頭文字を取ったもので, 日本では「内部収益率」と呼ばれています。NPVは「投資資金はすでに手元にある」という前提で計算していますが, 現実的には外部から調達してくるもので, 利息や配当といったコストがかかりま

す。このため，投資案件の損得を正しく評価するには，NPVに資金調達コストを加味した評価が必要になり，ここでIRRを使います。IRRはNPVがちょうどゼロ（＝損益トントン）となる割引率のことで，IRRを上回る利率で資金を調達してしまうと投資は赤字となってしまいます。反対にIRRより資金の調達金利が低ければ低いほど，その投資には旨味があるということになります。これについて，再びA社のケースで説明しましょう。

　図表7-4を見てください。上から順に神奈川案，大阪案，東京案それぞれのNPVがゼロに近付くように割引率を8％から1％ずつ上げていきました。一番上の神奈川案を例にとれば，割引率が8％のときには498あったNPVが，途中を端折りますが，17％で58に，18％では16となり，19％でついにマイナス，すなわち赤字案件へと変わります。エクセルのIRR関数を使って計算すると，神奈川案ではIRR＝18.38％となりました。この割引率で神奈川案の回収額を現在価値に換算すると，左側の表にあるように回収総額の現在価値が投資額と同じ3,000となり，NPVがゼロとなっています。18.38％より資金の調達金利が高いと案件が赤字になってしまいます。

　一方で，これより低い金利で資金が調達できているなら案件も黒字となり，IRRと調達利率の差が大きいほど投資のうまみが増えることになります。仮にNPVがプラスであっても，それがどれほど効率良くリターンに結びついているかを知るための有意義な指標ですので，NPVと合わせて活用しましょう。

図表7-4 IRRによる評価例

> IRRとは，NPVがちょうどゼロとなる割引率のことです。
> IRRの利率より資金の調達金利のほうが低いほど，その投資には旨味があるということになります。

神奈川案

	現在	1年後	2年後	3年後	4年後	5年後	回収額の合計
将来価値	−3,000	2,000	1,200	500	300	0	4,000
現在価値	−3,000	1,690	856	301	153	0	3,000

NPV 　0　　　　　　　　　割引率＝18.38%

割引率	8%	17%	18%	19%	20%
NPV	498	58	16	−26	−66

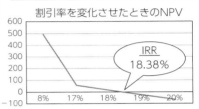

割引率を変化させたときのNPV

大阪案

	現在	1年後	2年後	3年後	4年後	5年後	回収額の合計
将来価値	−3,000	800	800	800	800	800	4,000
現在価値	−3,000	724	656	594	538	487	3,000

NPV 　0　　　　　　　　　割引率＝10.42%

割引率	8%	9%	10%	11%	12%
NPV	194	112	33	−43	−116

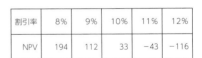

割引率を変化させたときのNPV

東京案

	現在	1年後	2年後	3年後	4年後	5年後	回収額の合計
将来価値	−3,000	400	800	1,600	800	400	4,000
現在価値	−3,000	363	658	1,193	541	245	3,000

NPV 　0　　　　　　　　　割引率＝10.27%

割引率	8%	9%	10%	11%	12%
NPV	187	103	22	−56	−131

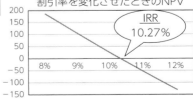

割引率を変化させたときのNPV

第8章

企業の株価算定アプローチ
―バリュエーション―

　上場企業であれば証券取引所での取引を通じて株価が形成されますが，非上場企業の株価はどのような方法で算定されるのでしょうか？　企業の株価算定は「バリュエーション」と呼ばれ，大きく3つの手法があります。それぞれに特徴や留意点があるので，ここから順に解説していきます。

1 インカムアプローチ（DCF法）

　1つ目は「インカムアプローチ」と呼ばれる評価手法です。このアプローチの特徴は「企業活動の継続」を前提としている点です。将来の企業活動を通じて株主に還元される金額を見積もり，これをベースに株価算定を行います。その代表例が「DCF法」と呼ばれるものです。DCFとはDiscounted Cash-Flowの頭文字をとったもので，キャッシュフローをベースに算定を行うことから，利益や資産などによる他の評価手法に比べて信頼性の高い手法であると考えられています。

　概要としては，第6章2の企業価値と株主価値でご紹介したフリーCFの現在価値総額に事業外資産を加えて企業価値とし，ここから有利子負債残高を差し引いて株主価値とするアプローチになります。ここでは，具体的な数字を使って評価の流れを見ていきましょう。**図表8-1**を見てください。①～⑤の順に説明していきます。

① 　1年後から5年後までの税引後営業利益（NOPLAT），減価償却費，運転資本の増減額，さらには必要な投資額を見積もり，各年度のフリーCFを算定しました。6年目以降のターミナルバリューについては，第6章❸で説明した「ゼロ成長」を前提に，毎年のフリーCF額は5年目の税引後営業利益（NOPLAT）と同額としています。

② 　各年度のフリーCFをWACC（※6％と仮定）で現在価値に割り引きました。なお，ターミナルバリューは「年間フリーCF÷（WACC－成長率％）」で計算できます。今回はゼロ成長を前提としているため，成長率は0％となり，「1,110÷6.0％＝18,500」となりますが，この値は5年目時点での価値なので，もう一度6.0％で5年分割り引く必要があります。結果は「18,500÷（1＋0.06）^5＝13,824」となります。

③ 　すべてのフリーCFの現在価値を足し算した結果，18,073となりました。

④ 　事業外資産（遊休資産や余剰現金など）を500と仮定し，これを加算して企業価値は18,573となります。さらに有利子負債を3,000と仮定し，これを差し引いた結果が株主価値15,573になります。

⑤ 　最後に株主価値を株数（110株と仮定）で割り算して推定株価142が導けます。

以上が，DCF法による評価の流れになります。

図表8-1　DCF法による株価算定例

		1年後	2年後	3年後	4年後	5年後	ターミナルバリュー
	税引後営業利益	1,000	1,050	1,080	1,100	1,110	1,110
+	減価償却費	400	430	450	470	480	480
+/−	運転資本の増減	−50	−55	−58	−59	−61	0
=	営業キャッシュフロー	1,350	1,425	1,472	1,511	1,529	1,590
−	投資キャッシュフロー	−400	−430	−450	−470	−480	−480
=	フリーキャッシュフロー	950	995	1,022	1,041	1,049	① 1,110
	割引率 (WACC)	6.0%	6.0%	6.0%	6.0%	6.0%	6.0%
		=950÷(1+0.06)^1	=995÷(1+0.06)^2	=1022÷(1+0.06)^3	=1041÷(1+0.06)^4	=1049÷(1+0.06)^5	(=1110÷0.06)÷(1+0.06)^5
	現在価値	896	886	858	825	784	② 13,824
Σ	FCFの現在価値の総額	18,073 ③					
+	事業外資産の時価	500					
=	企業価値	18,573					
−	有利子負債残高	3,000					
=	株主価値	15,573 ④					
÷	株式数	110					
=	推定株価	142 ⑤					

【コラム：地域や事業のリスク評価とバリュエーション】

　株式のバリュエーションにおいて，ほとんどのリスクは各企業の資本コスト（WACC）に自動的に織り込まれています。たとえば政治面や経済面のリスクが高い地域では，他の地域に比べて市中金利が高いなどといった形で反映されるため，そのような地域で操業している企業のWACCは高い金利に連動して上昇，これを使って現在価値に換算したフリーCFは将来価値に比べて大きく目減りします。この結果，企業価値や株主価値も他の地域の企業より小さくなるというロジックです。さらに事業のリスクについても株価の上下動の大きさを示すベータ（β）値に反映されるので，リスクの高い事業を行っている企業ほどβ値は高くなり，この結果WACCが上昇，フリーCFの現在価値は将来価値から大きく割り引かれることになるのです。

2 コストアプローチ（時価純資産法）

　続いてはコストアプローチです。この手法の代表格は「時価純資産法」になります。時価純資産法は企業が保有する資産と負債を1つひとつ時価で評価しなおしたうえで，そこから算出された純資産額を株主価値とする方法です。実在する資産と負債から株価算定を行うことへの安心感からか，日本企業の株価算定にもよく利用されてきました。一方で，企業買収や経営統合などM&Aの場面においては，M&A後も事業活動を継続する前提で価値評価を行うため，「将来の収益性」を評価の軸とするインカムアプローチに対して，企業のストック，言い換えれば過去業績の成果を価値基準とするコストアプローチは算定結果の納得感において一歩譲る場面もあるといえます。

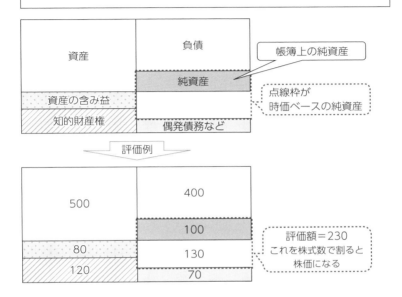

図表8-2　時価純資産法による株価算定

時価純資産法は，バランスシートの資産および負債を時価評価したうえで，そこから算出された純資産の価値をもとに株価算定を行うアプローチです。

3 マーケットアプローチ（マルチプル）

　3つ目の手法，マーケットアプローチの説明に移ります。マーケットアプローチといえば「類似会社比較法」，別名「マルチプル法」です。これは「同じような事業を行っている企業同士であれば，株価と財務指標との相関関係も似ているはず」という考え方をもとに，上場している類似企業の株価や利益などを参考にして非上場企業の株価算定を行うというものです。参考とする財務数字の種類によっていくつかの手法が存在しますが，なかでも評価結果の納得感が高いといわれる「EBITDAマルチプル法」をご紹介したいと思います。

　EBITDA（Earnings Before Interest Tax Depreciation and Amortization：

利払前税引前償却前利益）とは支払金利，税金，償却費を差し引く前の利益を指します。読み方は「イービット・ディーエー」または「イービッダー」です。EBITDAは支払金利や税金，償却費といった国や地域によって水準が異なる要素を排除することで，企業の利益水準を国際比較する際などに利用されてきました。また**図表8-3**のように，利益の中でもキャッシュフローにより近い存在であることが，評価結果の妥当性や納得感に寄与しています。なお，EBITDAの計算式はいくつかありますが，もっとも簡便でよく使われる「営業利益＋減価償却費」をおすすめします。営業利益は損益計算書から，減価償却費はキャッシュフロー計算書からそれぞれ拾えるので，手間もかかりません。

図表8-3 EBITDAとフリーCFとの関係

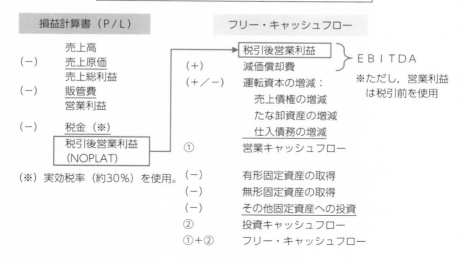

```
E : Earnings        （儲け）
B : Before          （～の前）
I : Interest        （支払金利）
T : Tax             （税金）
D : Depreciation    （有形固定資産の償却費）
A : Amortization    （無形固定資産の償却費）
【EBITDAの簡便な算出式】＝ 営業利益 ＋ 減価償却費
```

損益計算書（P/L）   フリー・キャッシュフロー

```
          売上高                          税引後営業利益  ┐
（－）    売上原価              （＋）    減価償却費       ├ EBITDA
          売上総利益           （＋／－）運転資本の増減： ┘
（－）    販管費                            売上債権の増減   ※ただし，営業利益
          営業利益                          たな卸資産の増減   は税引前を使用
（－）    税金（※）                        仕入債務の増減
          税引後営業利益        ①        営業キャッシュフロー
          （NOPLAT）
                              （－）    有形固定資産の取得
（※）実効税率（約30％）を使用。（－）    無形固定資産の取得
                              （－）    その他固定資産への投資
                                ②        投資キャッシュフロー
                               ①＋②     フリー・キャッシュフロー
```

　さてここから，EBITDAマルチプル法による株価算定手法を説明していきます。**図表8-4**のように事業価値（Enterprise Value：EV）がEBITDAの何倍あるかで測定します。事業価値とは企業価値から余剰キャッシュなどの事業外資産を差し引いたもので，事業活動で生み出す金銭価値を表しています。これは第6章**2**の図表6-2の一番左側の箱（＝今後の事業活動を通じて稼ぎが期待されるフリーCFの現在価値総額）に相当します。

図表8-4　EBITDAマルチプルの計算式

```
EBITDAマルチプル　　　＝ 事業価値 ÷ EBITDA
　　　　　　　　　　　＝ （純有利子負債※＋株式時価総額） ÷ EBITDA
※純有利子負債とは，有利子負債残高から余剰キャッシュなど事業外資産を差し引いた額。
　簡便的に算出するなら，有利子負債総額をそのまま使用してもOK。
```

　ではEBITDAマルチプルを使った非上場企業の株価算定例をご紹介したいと思います。**図表8-5**を見てください。今回の評価対象は非上場企業のX社です。大手精密機器メーカーZ社は今年発表した中期経営計画の中で新規事業分野への進出を重要施策に掲げ，有望な企業の買収を通じて市場参入のスピードアップを図ろうとしています。昨日取引先の銀行から受け取った買収候補先企業のリストを眺めていたところ，X社に目がとまりました。X社はまだ歴史の浅い会社ですが他社にない技術を有しており，上手く活用できれば業界に旋風を起こせるかもしれない，そう感じたのです。早速銀行の担当者を呼び，X社の詳細な情報提供とDCF法による株価評価を依頼しました。DCF法はX社の市場や競争環境などをもとにして楽観的シナリオ，悲観的シナリオなどいくつかの将来計画を立てる必要があるため，X社とその業界について情報を豊富に持つ銀行に依頼するのが得策です。これと並行して，Z社ではDCF法より手軽なEBITDAマルチプル法でX社の評価を行ってみることにしました。EBITDAマルチプル法による評価は次の3つのステップで行います。

・ステップ1：X社と事業内容が近い上場企業（複数）の選定

- ステップ2：類似企業のEBITDAマルチプルの算定
- ステップ3：類似企業のEBITDAマルチプルを使ってX社の株価算定

まずはX社と事業内容が近い上場企業を探します。日本には新興市場も含めて3,800社あまりの上場企業が存在しますので，X社とできるだけ近い業態の企業を3〜5社程度ピックアップしたいところです。今回は4社見つけることができたので，各社の有価証券報告書を材料にして次のようにEBITDAマルチプルを算定していきます。

㋐　連結損益計算書に記載の「営業利益」，またキャッシュフロー計算書内の「減価償却費」をそれぞれ使って「営業利益＋減価償却費＝EBITDA」を計算する。

㋑　連結貸借対照表内の「有利子負債（※一般的には借入金＋社債＋コマーシャル・ペーパー＋リース債務）」と「株式時価総額（※ネットで検索可能）」を使って「有利子負債＋株式時価総額＝事業価値」を算出する。ここでは事業外資産は考慮しない簡便法で算定します。

㋒　各社ごとに算定した「EBITDA」と「事業価値」を使って「事業価値÷EBITDA＝EBITDAマルチプル」を計算する。

㋓　最後に4社のEBITDAマルチプルを合計して4で割り，単純平均を求める。今回は5.0倍になりました。これを参考にしてX社の株価算定を行います。

㋔　X社の「営業利益」，「減価償却費」は件の銀行から教えてもらいました。営業利益に減価償却費を加えたX社のEBITDAは40だったとします。

ちなみに，もしX社の株価算定に必要な財務数字の一部が把握できないとなったら，どのような代替手段が考えられるのでしょうか？

このような場合は類似企業4社の「営業利益に対する減価償却費の割合」を参考に，X社の減価償却費相当額を計算する方法などが考えられます。まず類似企業4社の「減価償却費÷営業利益」の計算結果を単純平均します。これで類似企業の減価償却費が営業利益の何パーセント程度かがわかるので，これを

X社の営業利益にかけ算して求めた金額を減価償却費相当額とします。さらにこの額をX社の営業利益に足し算すればEBITDAになるという考え方です。あくまで概算レベルではありますが，相手が非上場企業の場合は入手できる情報に制限があるため，そのなかで最善の結果を求めることも必要です。

⑰　続いてX社の事業価値を求めるため，類似企業のEBITDAマルチプルを利用します。類似企業のEBITDAマルチプル（5.0倍）とX社のEBITDA（40）を「EBITDAマルチプル＝事業価値÷EBITDA」の公式に代入し，X社の事業価値を求めます。「5.0倍＝事業価値÷40」となり，これを解けば「X社の想定事業価値＝200」となります。

㋖　X社の想定事業価値（200）から有利子負債残高を差し引きます。有利子負債も銀行から「60」であると情報をもらいましたので，差し引きの株主価値は「140」となりました。

㋗　最後に株主価値をX社の発行済み株式総数で割り算します。これも銀行から株式総数は「30株」との情報を得て，割り算した結果，X社の想定株価は「4.7」となりました。

図表8-5　EBITDAマルチプルを用いた株価算定例

類似業種の上場企業	①EBITDA	②純有利子負債	③株式時価総額	④事業価値（＝②＋③）	⑤EBITDAマルチプル（＝④÷①）
A社	150	200	550	750	5.0
B社	㋐ 100	320	280	㋑ 600	㋒ 6.0
C社	160	250	550	800	5.0
D社	300	400	800	1,200	4.0
平均値					㋓ 5.0

評価対象の非上場企業	⑥EBITDA	⑤EBITDAマルチプル	⑦想定事業価値（＝⑥×⑤）	⑧純有利子負債	⑨想定株主価値（＝⑦－⑧）	⑩発行済株式総数	想定株価（＝⑨÷⑩）
X社	㋔ 40	㋓ 5.0	㋕ 200	60	㋖ 140	30	㋗ 4.7

【コラム：マルチプルと非流動性ディスカウント】

　マルチプルによる株価算定を行う際に考慮すべき要素として，「流動性リスク」というものがあります。流動性リスクとは対象となっている株式の売買の難易度のことをいいます。市場で自由に取引ができる上場企業の株式と比べて，流通市場のない非上場株式は売却先の探索や交渉，契約等の手間とコストがかかるため，これに見合う金額を株主価値から割り引く（ディスカウント）ケースをよく見かけます。案件ごとの交渉事のため一概にいくらとはいえませんが，株主価値の10％〜30％程度を割り引く事例が多いようです。

第9章

最適資本構成と株主還元

1 最適資本構成とは？

　「最適資本構成」という言葉を聞いたことがあるでしょうか？　一言でいえば「企業価値を最大化する負債と資本の黄金比率」のことです。企業価値についてはDCF法のところで触れましたが，これを最大化するには次の2つの取組みが求められます。1つは将来のフリーCFの稼ぎをできる限り増やすこと。具体的に何をどうすればよいかについては，**図表9-1**で説明しましょう。この図は財務諸表分析を行うフレームワークとして第5章**5**の図表5-6に掲げたものとプロセスや要素は同一です。この中のフリーCFに関係した箇所は「資産活用」→「収益性」→「資金効率」です。つまり，「保有する資産を積極的に事業で活用して売上拡大を図る」→「コスト削減にも取り組み，得られる利益を最大化する」→「運転資本の回転期間を短縮して資金繰りを向上する」ことで実現を目指します。

図表9-1　企業価値のフレームワーク

財務ＣＦ	投資ＣＦ	営業ＣＦ		
資金調達	設備投資・出資	売上獲得	経費計上	資金回収
安全性 返済負担の重みや資産とのバランスはどうか	**資産活用** 投資や出資がどの程度事業に活用されているか	**収益性** 稼ぎと儲けの状況はどうか	**資金効率** 資金の回りはスムーズか	

フリー・キャッシュフロー
(FCF)

資本コスト
(WACC)

－)

企業価値
(EV)

≒)

　もう1つの取組みは図の左端「安全性」に対する取組みです。財務諸表分析の章では「財務基盤の安定を図るうえで，自己資本比率は高いほど良い」という話をしましたが，企業価値の算定においてはそうともいえない面があります。その理由は企業価値を「現在価値」で評価することにあります。自己資本比率が70％，80％と非常に高い水準にあれば財務基盤は強固ですが，一方で将来のフリーCFを現在価値に割り引くレートとなるWACC（第6章**7**）を上昇させる要因にもなります。**図表9-2**を見てください。A社とB社は総資産がともに100と同サイズ，それを支える借金の金利水準も負債が1％，資本は5％と同条件です。両社の唯一の違いが負債と資本の構成比（％）であったとき，それぞれの会社のWACCはどのようになるでしょうか？

　答えは図の下段のように負債が8割を占めるA社が1.56％であるのに対し，資本が8割のB社は4.14％とA社の3倍近くも高くなってしまいました。

図表9-2 借金の構成比によってWACCは変わる

A社とB社は総資産が100，借金の金利も負債が1%，資本は5%と同条件です。両社の唯一の違いが有利子負債と資本の残高の割合（※下図参照）であったとき，それぞれの会社のWACCはどのようになるでしょうか？

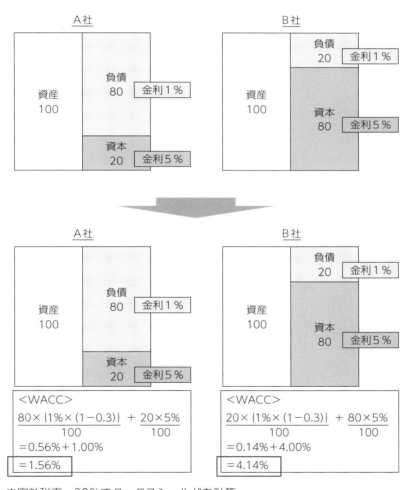

※実効税率＝30%でタックスシールドを計算

　図表9-3にあるように，財務基盤の安定度から見れば，B社の自己資本比率は80％と非常に強固な状態ですが，負債に比べて利回りの高い資本の増加は割引率となるWACCを上昇させ，企業価値の目減りを促進します。もし両社の将来フリーCF額が同水準であったなら，WACCの高いB社の企業価値のほうが小さくなってしまうのです。

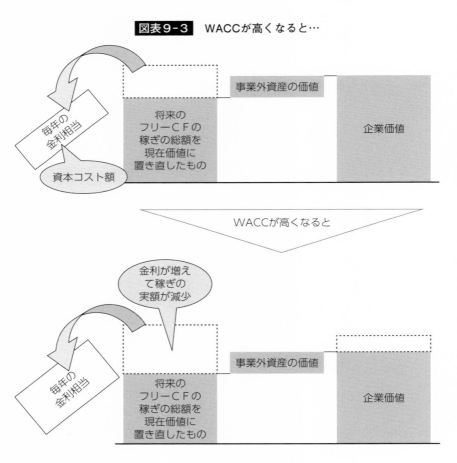

図表9-3　WACCが高くなると…

　では負債を増やして自己資本比率をどんどん下げていけばWACCも下がるのかといえば，今度はあるところから上昇に転じます。**図表9-4**を見てくだ

さい。自己資本比率を図の左から右に向けて低下させていくと，当初は有利子負債のメリット（低金利と節税効果）でWACCが下がり，企業価値も増加していきます。しかし，それが過度に進行すると企業の信用リスクが高まり，格付けの低下などによる負債金利の上昇，さらには企業リスクを反映したβ値の上昇へとつながります。この結果WACCも上昇を始め，企業価値が割り引かれてしまうのです。このような意味から，「財務基盤（安全性）」と「WACC（資金調達コスト）」の黄金バランス（最適資本構成）を探っていく意義は高いといえます。

図表9-4　自己資本比率とWACC，企業価値の相関（イメージ）

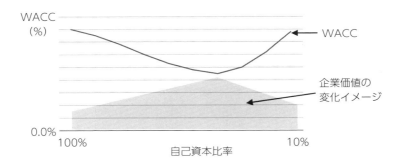

2　株主還元の評価指標(1)TSR

コーポレートガバナンスが求める「投資家との対話」に関連する重要なキーワードの1つが「TSR」です。TSRとはTotal Shareholder Return，日本では「株主総利回り」と訳されています。株価上昇による売却益（キャピタルゲイン）と配当金の支払額を株主への還元額とし，購入時の株価に対してどれだけ儲かったかを1年ごとの利回りで表したものです。日本では2019年3月期から有価証券報告書の「主要な経営指標等の推移」に開示されるようになりました。では具体的に内容を見ていきましょう。

有価証券報告書には「過去5年間」を対象にした年度ごとのTSRが開示されています。これは5年前の株価を基準にして4年前，3年前，2年前，1年前，今年と，それぞれの時点のTSRを％で表しています。**図表9-5**を見てください。これは5年前の株価を1,000として各年度のTSRを示した例です。100％を超えている年は株主が儲かったことを意味しています。

図表9-5 **TSRの計算例**

【計算式】※金融庁による開示資料「企業内容等の開示に関する内閣府令」より抜粋

	5年前	4年前	3年前	2年前	1年前	今年
株価	A	B	C	D	E	F
配当		a	b	c	d	e
配当累計		a	a+b	a+b+c	a+b+c+d	a+b+c+d+e
株価+配当累計		B+a	C+a+b	D+a+b+c	E+a+b+c+d	F+a+b+c+d+e
株主総利回り（TSR）		(B+a)/A	(C+a+b)/A	(D+a+b+c)/A	(E+a+b+c+d)/A	(F+a+b+c+d+e)/A

	5年前	4年前	3年前	2年前	1年前	今年
株価	1,000	1,100	1,020	880	950	1,030
配当		30	30	20	20	25
配当累計		30	60	80	100	125
株価+配当累計		1,130	1,080	960	1,050	1,155
株主総利回り（TSR）		113%	108%	96%	105%	116%

では，TSRを向上させるには企業としてどのような取組みが必要なのでしょうか？ **図表9-6**を見てください。これはTSRを向上させるために企業が実行できる3つの方策を示しています。まず1つ目は「フリーCFの創出力を高めて株価上昇を狙う」ことです。利益の拡大やCCCの短縮を通じて営業CFを増やすこと，また長期投資の選別によって投資CFをスリム化することで実現を目指します。

2つ目は「自社株購入を行って株価上昇を図る」ことです。自社の株式を市場から買い戻すことで市場に出回っている株式の数（発行済み株式総数）が減り，1株当たり利益などの拡大を通じて株価上昇を狙うというものです。後述する自社株購入の効果についても併せてご覧ください。

　3つ目は「配当金による株主還元の充実」です。その年の（親会社株主に帰属する）当期純利益のうち株主に配当金として還元した割合を示す「配当性向」，また株主資本に対する配当利回りを示す「DOE（株主資本配当率）」などが配当還元の積極性を評価する指標になります。これら指標については，後述の説明をお読みください。

図表9-6　TSRを向上させるアプローチ

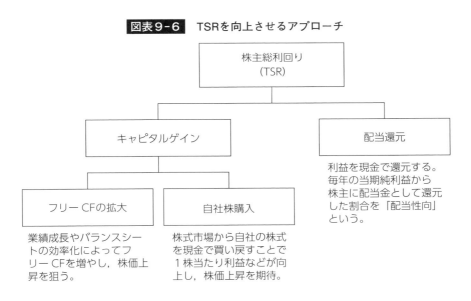

3 株主還元の評価指標⑵配当性向

　毎年の現金配当は株主の側からしたらお小遣いをもらうような感覚といえばいいでしょうか，株式投資のお楽しみとして特に個人株主に好まれる還元形態といわれます。企業側の還元姿勢を評価する指標の2つ目が「配当性向」です。配当性向は年間の配当総額を（親会社株主に帰属する）当期純利益で割って求めます。日本の上場企業の配当性向は平均30％～40％といわれていますが，その年の利益水準によって変動するため，年によっては100％超えとなることも

あります。

　図表9-7はある企業の利益と配当額，配当性向の推移を示したものです。この企業は安定した配当額で株主に報いたいという考えから，毎年の配当額は1株当たり30円を維持しました。20X0年には原資となる利益は1株当たり100円ありましたが，2年目は50円，3年目には20円と縮小していった結果，配当性向は年々上昇，3年目には150％と年度の利益を超える水準にまで達しています。なお，この3年目の利益を超過した分の配当金は，バランスシートの株主資本の中にある「利益剰余金」を取り崩して支払うことになります。

図表9-7　**配当性向は利益水準に左右される**

	20X0年	20X1年	20X2年
（親会社株主に帰属する）1株当たり当期純利益①	¥100	¥50	¥20
1株当たり配当総額②	¥30	¥30	¥30
配当性向（＝②÷①）	30%	60%	150%

4　株主還元の評価指標(3)DOE

　3つ目の指標は「DOE」です。これはDividend On Equity ratioの略で，日本では「株主資本配当率」と呼ばれています。配当性向は年度の利益額からいくら現金還元したかで還元姿勢を評価しましたが，株主資本（第3章**5**）を分母に使うDOEは，株主の出資額に対する配当利回りという意味合いでの評価になります。株主資本は年度ごとの変化が小さく，推移が安定していることから，DOEを採用する企業も増えています。**図表9-8**はDOEによる株主還元の評価例です。配当性向の例と同様に，毎年の配当額は30円としています。この図のように株主資本は利益に比べて変化が小さく，DOEも大きく上下する

ようなことはありません。

図表9-8 DOEは出資額ベースで評価

	20X0年	20X1年	20X2年
1株当たり株主資本①	¥1,000	¥1,020	¥1,010
1株当たり配当総額②	¥30	¥30	¥30
DOE（＝②÷①）	3.0%	2.9%	3.0%

　さらに，DOEはツリー分解することにより，その中身を分析することが可能です。**図表9-9**を見てください。DOEは年間の配当総額÷株主資本で求められますが，この式に「当期純利益÷当期純利益」をかけ算することによって，DOEを2つの指標に分解することができます。左の分数は「配当性向」を，右の分数は「ROE」を表しているので，DOEを収益性（ROE）の高低とその収益の還元割合（配当性向）に分解して要因分析できるようになるのです。

　なお，ROEの分母は自己資本ですが，多くの企業において株主資本と自己資本の金額差は僅かであることから，自己資本に代えて株主資本を用いても分析上問題はありません。

図表9-9 DOEのツリー分解

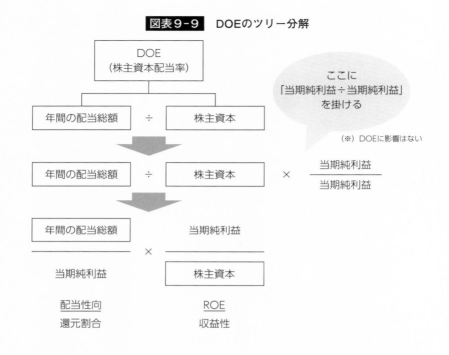

【コラム：自社株購入の効果とは】

ここでは自社株購入についてお話ししたいと思います。配当還元のケースと比べてどのような特徴やメリットがあるのかを見ていきましょう。

配当還元にはない効果を図表9-10にあげましたので，順にご説明します。

まず1つ目は「ROEの上昇」です。自社株の購入額は自己資本の中の「自己株式」という科目にマイナス値で計上されるので，買えば買うほど自己資本を減らす効果があります。この結果，分母の自己資本が小さくなりROEが上昇するという訳です。

2つ目は「EPSの上昇」です。EPSとはEarnings Per Share，1株当たり利益を意味する指標で，これは（親会社株主に帰属する）当期純利益を発行済み株式総数で割って求められます。自社株購入で手に入れた株式はこの発行済み株式総数から差し引かれるため，当期純利益が変わらなくても自社株購入によって分母に置く株数が減り，結果1株当たり利益が増えるのです。

　さらに，EPSの上昇はPERを下げることにつながります。PERとはPrice-Earnings Ratioの略で，日本では「株価収益率」と訳されます。PERは株価を1株当たり利益（EPS）で割って求められ，現在の株価が割高か割安かを判断する指標の1つです（※詳しくは第9章 5 のPERとPBRを参照）。PERの分母となるEPSが増えることでPERは低下，この結果，現在の株価が割安に感じられるようになり，買い注文が増えて株価上昇が期待できるという理屈です。

　一方，自社株購入は買収防衛策としての一面も持っています。よく，「株価が割安でキャッシュをたくさん持っている」企業は買収対象になりやすいと言われます。これは単に株を安く買い集められるだけでなく，買収して経営権を握ればこの企業のキャッシュも手に入り，さらに買い得な案件となるからです。そうならないよう，手許のキャッシュを使って市場の浮動株を買い進め，味方となってくれる安定株主の割合を高めたり，株価上昇による買収コストの増加，さらには手許キャッシュ減少による魅力の低下など，買収防衛を図ることも可能です。

図表9-10　自社株購入の期待効果

自社株購入の期待効果

- ROE上昇（当期純利益÷自己資本↓）
- EPS上昇（当期純利益÷株式数↓）
- PER低下（株価÷EPS↑）
- キャッシュ減↔株価上昇＋浮動株減
  （買収防衛策）

5 PERとPBR

　PERとPBR，これらは株価の評価に使われる財務指標です。株価にまだ上昇余地があるのかどうかは，投資家が株式を購入/売却を判断するうえで重要な情報となります。現在の株価を利益に照らして評価するのがPER，純資産に照らして評価するのがPBRです。

　PER（株価収益率）は以下の算出式のように，現在の株価をEPS（1株当たり利益）で割って求めます。当期純利益は株主への還元額ですから，その何年分を先取りした株価となっているかを見て，株価のさらなる上昇余地があるかを判断するという形で利用されます。

【PERの算出式】

PER（株価収益率）＝株価÷1株当たり当期純利益（※）
（※）1株当たり当期純利益は当期の予想値を使うのが一般的です。
　　　予想値には会社発表のものやアナリスト予想値などがあり，
　　　無料で見られるサイトもあります。

　図表9-11は，PERによる2社の比較分析例です。今，同業のA社とB社それぞれが発表している予想当期純利益をもとにEPSを計算したところ，A社が60円，B社は40円となりました。これをもとに算定したPERは，A社が10，B社は25でした。A社のPER＝10とは，株式市場では株主に還元される利益の10年分の評価となっていることを示しています。一方のB社はPER＝25と，A社より高く評価されていることがわかります。このときの意味合いとしては，B社の成長期待は高いが，その期待がすでに株価に反映されており，株価のさらなる上昇には新たな材料が必要な状況とみることもできそうです。反対にA社は株価に上昇余地がある状況とも見えますが，会社発表の予想利益がB社より高いにもかかわらず株価がつかない状況はやや不可解でもあり，会社発表数字

の信憑性や将来業績に疑心を持たれている可能性も考えられます。このような
ときはアナリストによる予想利益やA社の過去業績なども確認したうえで最終
判断をしたいところです。

図表9-11　PERによる分析例

	A社	B社
①当期純利益（期末予想）	12 億円	8 億円
②発行済み株式総数	2,000 万株	2,000 万株
③EPS（1株当たり利益）＝①÷②	60 円	40 円
④現在の株価	600 円	1,000 円
PER＝④÷③	10 倍	25 倍

A社はB社に比べて期末予想の利益額
が大きいにもかかわらずPERが低調。
アナリスト予想やA社の過去業績など
を確認したうえで最終判断したい。

　もう1つの指標であるPBRは，Price to Book-value Ratioの頭文字をとった
もので，日本では「株価純資産倍率」と訳されます。まずは囲みの中にある，
PBRの算出式を見てみましょう。

【PBRの算出式】

PBR（株価純資産倍率）＝　株価　÷　1株当たり純資産
　　　　　　　　　　　（継続価値）　　（解散価値）

　PBRは現在の株価を1株当たり純資産（BPS：Book-value Per Share）で
割ったものです。株価は将来業績に対する期待値ですから，業績期待が高い企
業ほどPBRの分子となる株価が大きくなります。一方，分母となる純資産は保
有する資産から支払いや返済が必要な負債を差し引いたもので，いわばその企
業の解散価値になります。

　図表9-12は，先ほどPER分析をしたA社，B社について，あらためてPBRを用いて比較分析した例です。A社とB社それぞれのバランスシートから拾い上げた純資産残高をもとに算定したPBRは，A社が0.8，B社は2.0となりました。まずB社のPBR＝2.0の意味するところは，今後の事業活動を通じて現在の純資産の2倍のキャッシュを生み出せるという期待，すなわち株式市場からの応援メッセージです。一方，PBRが1を割り込むA社に対しては，今後も活動を続ければ株主価値を減らしてしまう心配があるため，今ここで会社を解散したほうがよいという悲観的なメッセージになります。これはA社の経営に対して株主の不安や不満が多い状況といえ，経営方針や戦略の中身，各種施策への取組姿勢などを再考する局面にあると考えられます。

図表9-12　PBRによる分析例

	A社	B社
①純資産残高	150 億円	100 億円
②発行済み株式総数	2,000 万株	2,000 万株
③BPS（1株当たり純資産）＝①÷②	750 円	500 円
④現在の株価	600 円	1,000 円
PBR＝④÷③	0.8 倍	2.0 倍

PBRが1を下回っているA社は株式市場から悲観的な見方をされている様子。経営方針や戦略の中身，各種施策の取組状況などを見直す時期に来ている可能性。

第10章

代表的な経営管理指標の特徴と
分析手法

1 ROA（総資産利益率）

　ROAはReturn On Assetsの頭文字をとったもので，日本では「総資産利益率」と呼ばれています。これは，企業が保有する資産すべてを使ってどれだけ儲けたかを見る指標です。次頁の計算式のように，分母に総資産を置き，分子には本業の儲けを示す営業利益に資産運用による金融収入（＝受取利息＋配当金）を加えた「事業利益」を用います。なお，事業利益に代えて経常利益や当期純利益などを使うケースも見られますが，本書では次のように考え，事業利益を採用しています。総資産をB/Sの右側で支えているのは負債と資本の総合計であることから，ROAは資金提供者全員にとっての投資利回りと見ることができます。このため，一部の資金提供者の還元分（＝支払利息など）がすでに差し引かれてしまっている経常利益や当期純利益より，利払い前の事業利益で評価するほうが妥当であろうという判断からです。なお分母の総資産は年間の期中平均（※前年度末と今年度末の残高の単純平均でよい）を用いるのが一般的です。

【ROAの算出式】

$$\text{ROA（総資産利益率）} = \frac{\text{事業利益}}{\text{（前期末の総資産残高＋当期末の総資産残高）÷ 2}}$$

（※）事業利益＝営業利益＋受取利息・配当金

　ではこのROAを使って企業活動のパフォーマンスをどう評価するのか，その手法を具体的に見ていきましょう。今回は架空の外食チェーンＡ社とＢ社の２社を題材にして話を進めます。まずは先ほどご紹介した算出式を使ってROAを求めます。結果は両社ともROAは10.0％と同じ水準にありました。

	事業利益		総資産（※）		ROA
A社	114	÷	1,140	=	10.0%
B社	150	÷	1,500	=	10.0%

（※）総資産は期中平均値

　ROAが同水準にあるのなら，両社のビジネスモデルや収益構造まで同じなのかといえば，そのようなことはまずありません。それを検証するために，ROAをツリー状に分解しながら各社の数字の特徴を明らかにする分析手法をご紹介します。

　ROAは**図表10-1**のように売上高を挟んで分解することで，収益性と効率性という２つの観点から特徴や問題点などを明らかにできます。

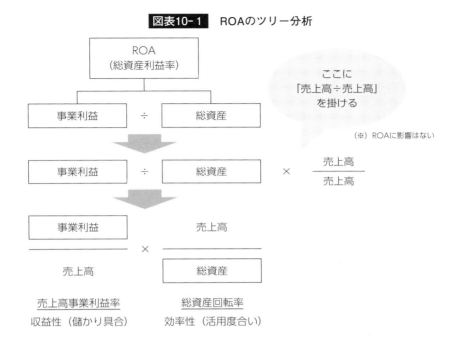

図表10-1　ROAのツリー分析

「収益性」は売上高事業利益率で，「効率性」は総資産回転率でそれぞれ評価します。ではここで，２社のROAをこれら２つの指標に分解し，中身を見てみましょう。結果は**図表10-2**のようになりました。

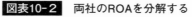

図表10-2 両社のROAを分解する

　これを見ると，ROAは同じ水準にあっても両社の中身は随分と違うということがわかります。A社は収益性が3.8％とB社に比べると儲かっていませんが，資産の効率性でその分を補っています。一方のB社は，収益性は高いものの資産効率が足を引っ張っている印象です。

　では，さらに掘り下げて各社の状況を見ていきたいと思います。まずは収益性の面から，各社の損益計算書の中身を比較してみました。**図表10-3**は，売上高から事業利益までの主要な数字を並べたものです。

図表10-3 各社の損益計算書

【損益計算書】

		A社		B社	
		金額	対売上高比率	金額	対売上高比率
	売上高	3,000 ①		2,500	
−	売上原価	1,170	39.0%	850	34.0%
=	売上総利益	1,830	61.0%	1,650	66.0% ②
−	販管費	1,730	57.7%	1,520	60.8%
=	営業利益	100	3.3%	140	5.6% ②
+	受取利息・配当金	14	0.5%	10	0.4%
=	事業利益	114	3.8%	150	6.0%

　一番上の売上高は儲かっていないA社（3,000）のほうがむしろ大きいことから（図の①），売上規模の違いがそのまま収益性の差に表れるという単純な構造ではないようです。B社は売上総利益率（66.0%），営業利益率（5.6%）ともにA社（61.0%＆3.3%）より優位にあることがわかります（図の②）。特に売上総利益率はA社より5.0%も高く，B社の強みは原価率の低さにあるようです。一方，販管費についてはA社（57.7%）のほうがB社（60.8%）より3.1%低くなっています。販管費は販促活動のほか，店舗運営や管理業務などに関係するコストなので，A社はこういったオペレーションを低コストで回せる強みを持っている可能性があります。

　今度は効率性の観点から，各社の中身を分析していきましょう。**図表10-4**は2社の主な資産項目の金額規模と回転率を比較したものです。

図表10-4　各社の主な資産の金額と回転率

【バランスシート】

	A社 金額	A社 回転率	B社 金額	B社 回転率
現金・預金	120	25.0	200	12.5
売掛金	50	60.0	40	62.5
有価証券	60	50.0	220	11.4
たな卸資産	90	33.3	70	35.7
流動資産計	320	9.4	530	4.7
有形固定資産	210	14.3	550	4.5
無形固定資産	90	33.3	50	50.0
投資その他の資産	520	5.8	370	6.8
固定資産計	820	3.7	970	2.6
総資産	1,140	2.6	1,500	1.7

　売上高はＡ社より小さい一方，保有する資産の規模が大きいＢ社は回転率の面で劣勢に立っています。中身を見てみると，現金・預金，有価証券，そして有形固定資産の３つの回転率がＡ社より低いことがわかりました。これら３つの回転率から，Ｂ社の経営状況について次のような推測ができそうです。

　まず，現金・預金と有価証券はどちらもキャッシュに相当する資産とみなすことができます。合計額を２社間で比較してみると，Ａ社の180（＝120＋60）に対してＢ社は420（＝200＋220）と多額で，手許資金が潤沢にあることがわかります。これ自体が悪いわけではありませんが，預金や有価証券からは十分な利回りは得られないでしょうし，株式投資で損失を被るリスクも高いはずです。Ｂ社にはこの資金を事業で活用することが期待されていると考えられます。

　また，Ｂ社は有形固定資産の回転率もＡ社より低い状況です。有形固定資産に含まれるものは，土地や建物，設備や車両などです。外食チェーンなら材料などを各店舗へ配送する物流センターや，店舗設備などの資産が多くを占めていると想像されます。残高面でも，Ｂ社の有形固定資産（550）はＡ社（210）の２倍以上の規模となっています。Ｂ社のように事業用の資産を自前で多く持つこと自体は問題とは言えませんが，資産の規模に見合った売上を毎年安定し

て稼いでいかないと，資産回転率が上下にぶれ，キャッシュフローが不安定になる（※第5章**5**の図表5-6を参照）ことには留意が必要です。長期間にわたって安定した業績を上げる仕組みづくり，B社のもう1つの課題はここにありそうです。

2 ROE（自己資本利益率）

コーポレートガバナンス強化の流れの中で投資家との積極的な対話が奨励されたことで，上場企業は資本効率の向上をより一層意識するようになりました。その結果多くの企業が中期経営計画や年度計画の数値目標にROEやROIC（本章**3**）といった資本効率を評価する指標を掲げるようになったのです。

ROEとはReturn On Equityの頭文字をとったもので，日本では「自己資本利益率」と訳されます。ROAでは企業に投下された総資本（＝総資産）からどれだけの儲け（＝事業利益）が上がったかを見ていました。これは資金提供者全員から見た投資利回りになります。一方，ROEは株主への還元額である当期純利益を，株主の出資額に相当する自己資本で割って求めます。これは資金提供者の中でも，特に株主にとっての投資利回りを表す指標になります。なお，分母には純粋な株主持分を表す「株主資本」を使ったほうが株主にとっての利回りを正確に測定できるという考え方から，株主資本を用いてROEを計算するケースもあります。本書では後述するROEのツリー分析を行う際に，自己資本を使ったほうが指標間の整合がとれることを考慮し，分母は自己資本としています。また先述のとおり，多くの企業では株主資本と自己資本との差は僅かであることから，評価上も問題はないと考えていただいて大丈夫です。

ROAは資金提供者全員，ROEは株主，それぞれの視点から投資利回りを評価する指標だと覚えてください。

【ROEの算出式】

$$\text{ROE（自己資本利益率）} = \frac{\text{（親会社株主に帰属する）当期純利益}}{\text{（前期末の自己資本残高＋当期末の自己資本残高）} \div 2}$$

（※）自己資本の代わりに株主資本を用いるケースもある。

　ROEもROAと同様，ツリー状に分析することが可能です。どちらも投資利回りを見るという点では共通しているので，囲みの中にあるように，ROEの分解式もROAと共有する要素が多くなっています。

図表10-5　ROEのツリー分析

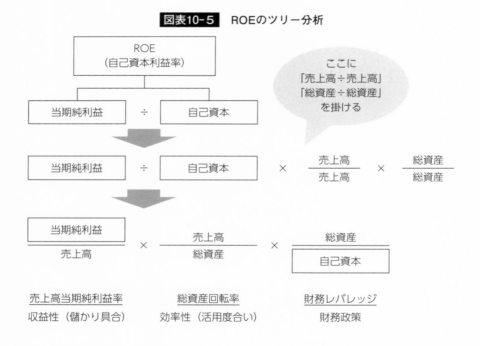

　ROEの分解式でROAと異なる点は，財務政策という名前の分数部分が追加されていることです。これは「財務レバレッジ」と呼ばれる指標で，総資産を自己資本で割って求められます。株主から預かった資金を元手に，事業ではその何倍の規模の資産を運用できているか，企業が株主から預かった資金にどれ

だけレバレッジ（梃子）を効かせて，効率よく事業活動を行っているかを表したものなのです。

さて，このレバレッジを効かせようとすれば，自己資本ではない資金，つまり負債を積極的に活用することになりますが，レバレッジが高いとROEは一体どのような影響受けるのでしょうか？

レバレッジが高いほどROEも上昇し，株主の利回りが向上します。仮に事業の収益性や資産効率が同じ水準にあれば，財務レバレッジが高い企業のほうがROEは高くなります。ただし，財務レバレッジと自己資本比率とは表裏の関係にあるため，レバレッジが高くなると自己資本比率が低下，財務基盤は弱くなっていきます。この点に注意してレバレッジを活用し，ROEの向上を図ることが大切です。

ではROEのツリー分析について，Ｊ社とＫ社の２社を題材にしてご説明します。先ほどのROAの時と同様に両社のROEを計算した結果，ともに10.0％となりました。

	当期純利益		自己資本（※）		ROE
Ｊ社	30	÷	300	＝	10.0％
Ｋ社	20	÷	200	＝	10.0％
	（※）自己資本は期中平均値				

ここからROEをツリー上に分解して両社の特徴を探っていきます。

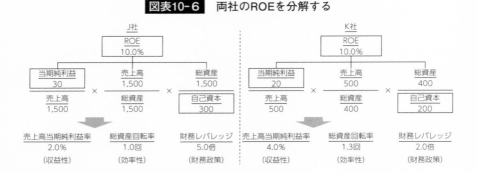

図表10-6 両社のROEを分解する

　図表10-6を見ると，収益性と効率性はともにK社のほうが優位にあります
が，財務レバレッジ（2.0倍）がJ社（5.0倍）より低いことがROEの水準を押
さえ込んでいる印象です。K社は有利子負債の活用や自社株購入など株主還元
を進めてレバレッジ効果を引き出す検討が必要かもしれません。一方のJ社は
事業面ではあまり成果が出ていませんが，レバレッジが効いているため，結果
的にROEがA社と同水準にまで上昇しています。コーポレートガバナンス改
革により積極的に財務レバレッジの調整を図る企業もみられますが，収益性や
効率性には手を付けず，レバレッジ効果を利用した短期的なROE改善を図る
のは本質的な対応ではありません。このため，J社の場合は特に収益性の改善
がテーマになると思います。

　最後に，ROEと関係が深い財務指標についてご紹介します。1つ目はPBR
（※詳しくは第9章**5**を参照）です。PBRは株価と純資産との関連を見る指標
ですが，次のように，ROEが向上するとPBRも上昇する関係にあります。

1．資産を事業で活用（効率性）し，収益性を高めるとROEは向上します。

2．さらに，資金調達面では有利子負債を積極利用して財務レバレッジを高め
　　ると，ROEはもう一段上昇します。

3．「ROEが高い＝株式の利回りが高い」ことで，株価は上昇します。

4．「レバレッジが効く＝自己資本（純資産）が膨らまない」ため，上記3．
　　との相乗効果でPBR（＝株価↑÷1株当たり純資産→）が上昇します。

　２つ目は株主期待利回りとの関係です。ROEは株主にとっての利回りを表したものですから，企業側の視点に立てば，株主からの資金調達コストを上回るROEを達成できれば，株主にはプラスの還元ができていることになります。このとき，株主からの資金調達コストに相当するのが株主期待利回り（第６章⑥）になります。

3 ROIC（投下資本利益率）

　ROICはReturn On Invested Capitalの略で，日本では「投下資本利益率」と訳されています。ROEとの比較という点で見れば，ROICは以下の算出式のようにレバレッジの要素が含まれていないため，純粋に稼ぐ力を評価できる指標であることが利点となるでしょう。

【ROICの算出式】

$$\text{ROIC（投下資本利益率）} = \frac{\text{税引後営業利益}}{（\text{前期末の投下資本残高}＋\text{当期末の投下資本残高}）÷2}$$

- 税引後営業利益（NOPLAT）＝営業利益×（１－実効税率）
- 投下資本残高＝有利子負債＋自己資本
- （※）NOPLATの代わりにNOPAT（＝営業利益－法人税額）を使うケースもある

　先述したように，株主視点のROEに対応した資金調達コストは株主期待利回りでした。一方，資金提供者視点のROICはWACC（※詳しくは第６章⑦を参照）との比較になります。WACCは資金提供者からの調達資金（＝投下資本）を時価ベースにして計算するので，ROICもこれに合わせて分母の投下資本を時価ベース（＝有利子負債＋株式時価総額）に揃えることで，より正しく資本効率の評価が行えます。では，**図表10-7**で，時価ベースのROIC算定と結果の見方についてご説明したいと思います。

　図ではQ社とR社のROICをそれぞれ計算しています。結果はQ社が6.3％，R社は3.9％と差が出ましたが，両社のWACCはともに5.0％と同水準です。こ

れに照らしてみると，Q社は資金調達コストを上回るROICで，現状の資本効率は及第点にあると評価できます。次年度以降はROICをさらに高めていきたいところです。一方，R社のROICはWACCを下回っているため，調達した資金を事業で上手く運用できていません。営業利益がQ社に比べて少なく，収益性に問題がありそうです。

図表10-7　ROICによる資本効率の評価例

	Q社		R社	
①株価	600	円	400	円
②発行済み株式総数	2,000	万株	2,000	万株
③株式時価総額 =①×②	120	億円	80	億円
④有利子負債残高	80	億円	100	億円
⑤投下資本 =③+④	200	億円	180	億円
⑥営業利益	18	億円	10	億円
⑦実効税率	30	%	30	%
⑧NOPLAT（税引後営業利益） =⑥×（1−⑦）	13	億円	7	億円
ROIC =⑧÷⑤	6.3	%	3.9	%
WACC（資本コスト）	5.0	%	5.0	%

R社のROICはWACCをクリアできていない。収益性向上が課題となりそう。

あ と が き

最後までお読みいただき，ありがとうございました。

　仕事柄様々な企業を訪れますが，冒頭に書いたコーポレートガバナンス・コードの発行以降，上場企業の人材育成で「ファイナンス知識」を重視する声を多く聞くようになりました。それは単に用語の理解や財務指標の計算ができるというだけではなく，投資家の目線を理解し，自社の現状を正しく評価したうえで，企業価値を高める方法を考えられることにあると想像します。そのためには，過去の決算数字を読み解きながら会社の現状を正しく捉える財務分析スキルと，企業価値向上のために重視すべき財務指標の選択と評価ができるファイナンス・スキルが学びのスコープになると思います。

　財務分析を行うには会社数字と企業活動の関係を読み解くスキルである「計数感覚」が重要で，このための知識や活用方法などを本書の前半部分にあたるアカウンティング・パートで書きました。また，後半のファイナンス・パートでは投資家が企業を評価する観点をその前提となる知識（例：現在価値，WACC）とともにご紹介しました。企業と投資家との間を取り持つ財務数字をその意味合いとともに理解することで，所属する部門の位置付けや改善テーマなどを経営目線から俯瞰的に捉えることが可能になります。

　最後に，本書をお読みいただいて，上場企業が外部からどのように評価されているのか，また投資家や株主の期待に応える方法などへの理解が進む一助となったなら，私自身もこの本を書いてよかったと思う次第です。

【著者紹介】

玉木　昭宏（たまき　あきひろ）

立教大学社会学部卒。米国にてMBA取得後，プライスウォーターハウス・ニューヨーク事務所に入所。日米大手企業の会計監査，コンサルティングに従事する。その後，有限責任監査法人トーマツなどを経て，2006年，株式会社サイファを設立。大手企業の幹部候補者や管理職を対象に，事業戦略立案，財務分析などをテーマにした企業研修およびコーチングを行う。エイベックス株式会社社外取締役監査等委員，立教大学大学院経済学研究科講師を兼任。米国公認会計士。

計数感覚スキル入門
──投資家目線の会社数字に強くなる

2022年9月20日　第1版第1刷発行

著　者　玉　木　昭　宏
発行者　山　本　　　継
発行所　㈱中央経済社
発売元　㈱中央経済グループ
　　　　パブリッシング

〒101-0051　東京都千代田区神田神保町1-31-2
電話　03 (3293) 3371 (編集代表)
　　　03 (3293) 3381 (営業代表)
https://www.chuokeizai.co.jp
印刷／三英印刷㈱
製本／㈲井上製本所

© 2022
Printed in Japan

＊頁の「欠落」や「順序違い」などがありましたらお取り替えいたしますので発売元までご送付ください。(送料小社負担)
ISBN978-4-502-44301-5　C3034